ERNST-WILHELM
HÄNDLER

Versuch über den Roman
als Erkenntnisinstrument

S. FISCHER

Erschienen bei S. FISCHER

© S. Fischer Verlag GmbH, Frankfurt am Main 2014

Gesamtherstellung: CPI books GmbH, Leck
Printed in Germany
ISBN 978-3-10-002199-1

Vorbemerkungen

Literatur generiert Erkenntnis, die Wissenschaft nicht produzieren kann. Die Erkenntnisse, die Prosa und Dichtung ermöglichen, sind für die menschliche Existenz nicht weniger wichtig als diejenigen, die von den Wissenschaften geliefert werden. Hier wird der grundsätzliche Versuch unternommen, den Roman als Erkenntnisinstrument zu positionieren. Es geht nicht darum, wie ein Roman gemacht wird oder gemacht werden soll, und auch nicht um die Geschichte und Entwicklung des Romans. Dies ist weder eine Eigenpoetik noch eine literaturwissenschaftliche Untersuchung. Es wird auch keine Typologie vorgeschlagen.

Die Naturwissenschaften sind in bestimmten Bereichen so erfolgreich, weil man dort in der Lage ist, Einflussfaktoren zu isolieren und zu standardisieren. Für die isolierten Größen können dann möglicherweise Gesetzmäßigkeiten formuliert werden. Den Inhalten des Einzelbewusstseins und den gesellschaftlichen Ideen ist dagegen gemeinsam: Sie sind jeweils untereinander nicht strikt abgrenzbar. Niemand kann verlässlich angeben, ob sich zwei Personen denselben Gegenstand vorstellen, ob sie das gleiche Gefühl haben. Verwandtes gilt für die in der Gesellschaft kursierenden Ideen. Der Fall, dass sich alle darüber einig sind, wo genau sich etwa zwei philosophische Begriffe überschneiden und wo nicht, stellt die seltene Ausnahme dar.

Die Agenten der Erkenntnis sind der Einzelne und die Gesellschaft. Die Gesellschaft ist ohne Einzelne nicht denkbar, aber sie besteht nicht notwendigerweise aus Einzelnen. Weiter muss der Status der Gesellschaft und derjenige des Einzelnen für den gegenwärtigen Zweck nicht geklärt werden. In jedem Fall werden der Einzelne und die Gesellschaft als gleichgeordnete Entitäten behandelt.

Für den und im Roman spielen Bewusstseinsinhalte Einzelner einerseits und andererseits Ideen, die in der Gesellschaft kursieren, eine herausragende Rolle. Kognitionen und Gefühle bilden den Inhalt des Einzelbewusstseins. Die meisten Bewusstseinsinhalte haben sowohl einen kognitiven als auch einen Gefühlsanteil, sie lassen sich in einem Kontinuum mit den Endpunkten Gefühl und Kognition verorten.

Der Einzelne wie auch die Gesellschaft ist darauf angewiesen, irgendeine Form von Ordnung in die Bewusstseinsinhalte beziehungsweise die gesellschaftlichen Ideen zu bringen und deren Wandel zu managen. Weil es nicht möglich ist, Bewusstseinsinhalte und gesellschaftliche Ideen hinreichend zu isolieren und zu standardisieren, kann dies auf keinen Fall nach dem Vorbild der klassischen Naturwissenschaft geschehen. Die Kommunikation zwischen den Einzelnen und in der Gesellschaft muss nach naturwissenschaftlichen Maßstäben immer in hohem Maß unscharf sein. Der Ansatzpunkt der Literatur für die Ordnung von Bewusstseinsinhalten und gesellschaftlichen Ideen ist die Lebenssituation des Einzelnen. Die innere Lebenssituation umfasst den biologischen Zustand des Einzelnen und die jeweils damit verbundenen Gefühle und Kognitionen. Die äußere Lebenssituation ist ein Ausschnitt aus der gemeinsamen Wirklichkeit, welche die Mitglieder einer Gesellschaft durch ihre aufeinander bezogenen Handlungen erzeugen. Der Roman nimmt immer die Lebenssituation des Einzelnen als Ausgangspunkt. Er verbindet die innere mit der äußeren Lebenssituation. Auf diese Weise bildet er eine wichtige Schnittstelle zwischen dem Einzelnen und der Gesellschaft: Wie keine andere Form bezieht sich der Roman auf die Lebenssituation des Einzelnen und auf die Situation der Gesellschaft, indem er beide in ihr Recht setzt.

Der Unterschied zwischen dem Roman und wissenschaftlichen Darstellungen liegt nicht etwa darin, dass der Roman etwas erfinden würde, was es nicht gibt, wogegen wissenschaftliche Theorien lediglich anführen, was es gibt oder geben wird. Nicht nur konkurrierende wissenschaftliche Theorien widersprechen sich oft genug in ihren Grundannahmen, so dass nach der einen

Theorie genau das existiert, was es nach der anderen Theorie nicht geben darf. Der Unterschied hat auch nichts mit dem Gegenstandsbereich zu tun. Alles, womit sich Wissenschaft beschäftigt, kann im Roman vorkommen. Der entscheidende Unterschied liegt in der Art der Verknüpfung, genau: im Gefühl. Gefühle sind Gegenstand von Wissenschaft, aber sie sind weder Methode noch Kriterium für die Auswahl von Untersuchungsgegenständen und für die Verknüpfung von wissenschaftlichen Inhalten. Ganz anders der Roman, der immer von einer Lebenssituation ausgeht: Gefühle kommen im Roman nicht nur vor, sie organisieren den Roman.

Diese Betrachtung steht unter dem Leitgedanken: Ein Roman ist ein Transportmittel für Handlungsmöglichkeiten. Sprechen und Schreiben heißt handeln. Sprache ist keine mehr oder weniger gelungene Verknüpfung von Namen. Einen Gegenstand mit einem Namen zu belegen, einen Namen anzuführen, das sind nur zwei spezifische sprachliche Handlungsmöglichkeiten. Die Sprache, insbesondere die der Literatur, birgt so unendlich viel mehr Handlungsmöglichkeiten, als nur jeweils ein bestimmtes Wort mit einem bestimmten Gegenstand zu verbinden.

Der Roman ist die umfassendste Literaturgattung. Ein Roman kann eine Novelle, ein Gedicht oder eine dramatische Szene enthalten. Eine Novelle, ein Gedicht, ein Theaterstück kann keinen Roman enthalten. Vieles, was über den Roman zu sagen ist, gilt deshalb für die

Literatur insgesamt. Es geht hier auch nicht darum, den Roman von dem, was nicht Roman ist, abzugrenzen, die spezifischen Unterschiede zwischen dem Roman und anderen literarischen Gattungen herauszuarbeiten. Wer Ort und Funktion des Romans bestimmt, positioniert immer auch die Literatur als Ganzes.

Einen stringenten Zusammenhang zwischen dem Roman und dem Einzelnen einerseits und zwischen dem Roman und der Gesellschaft andererseits herzustellen bedeutet automatisch, die Gesellschaft und den Einzelnen zu konstruieren. Wobei die Konstruktion natürlich mit erheblichen Freiheitsgraden erfolgt. In diesem Sinn ist die nachstehende Betrachtung auch eine Kulturtheorie, in der besonderen Ausprägung einer literarisch verfassten Kulturtheorie.

Inhalt

1. Sprache

Die engere Umwelt des Romans ist die Sprache, in der er geschrieben ist. Die Sprache, die der Einzelne spricht, beeinflusst seine kognitiven Operationen genauso wie seine emotionalen Reaktionen. Gesellschaft in einem anspruchsvollen Sinn ist ohne Sprache nicht denkbar. Es ist nicht möglich, den räumlichen und zeitlichen Zusammenhang der Gesellschaft ohne Sprache zu begründen.

Die modernen Neurowissenschaften legen nahe, dass es im menschlichen Körper für die kognitiven und die Gefühlsprozesse verschiedene Schaltkreise gibt. Der Begriff Schaltkreis dient dabei lediglich als unzureichende Metapher für das im Kern ungeklärte Verhältnis zwischen der biologischen Hardware und dem, was sie beobachtbar leistet. Das Wissen über das Zusammenspiel der kognitiven und emotionalen Schaltkreise ist spärlich, Vermutungen dominieren das Feld. Weder über den Zusammenhang zwischen Sprache und kognitiven Operationen noch über das Verhältnis der Sprache zum Gefühlsbereich existieren mitreißende experimentelle Ergebnisse. Beim Hören von bestimmten emotional aufgeladenen Wörtern lassen sich Aktivitäten in bestimmten Gehirnarealen nachweisen, und es gibt etwa Hinweise, dass Sprecher unterschiedlicher Sprachen Farben unterschiedlich wahrnehmen.

Spannender wird es, wenn man Zusammenhänge zwischen Sprache und Gesellschaft untersucht. So existiert zum Beispiel eine deutliche inverse Korrelation zwischen der Komplexität der Gesellschaft und derjenigen der inneren Struktur von Wörtern: Je einfacher, je weniger differenziert die Gesellschaft, desto mehr abgrenzbare und im Prinzip voneinander unabhängige Informationen vermittelt das einzelne Wort, je komplizierter die Gesellschaft, desto mehr wird das einzelne Wort zum Etikett. Im ersten Fall spielt die Zusammensetzung des Wortes eine entscheidende Rolle, im zweiten Fall ist sie nicht mehr wichtig. In einfacheren Gesellschaften ist für zwei Sprachbenutzer die Wahrscheinlichkeit eines gemeinsamen Vorwissens groß, sie können sich darauf beziehen und sich kurz fassen. Entsprechende verweisende Ausdrücke verschmelzen und werden zu Wortbestandteilen, auf diese Weise werden im einzelnen Wort mehr verweisende Informationen untergebracht. In komplexeren, stärker differenzierten Gesellschaften ist die Schnittmenge des Vorwissens zweier Sprachbenutzer geringer, die mitzuteilende Information muss extensiver, durch Benutzung einer größeren Anzahl von Wörtern und unter Verzicht auf unverständliche Verweise, entwickelt werden.

Der überwiegende Teil der Sprachphilosophie von den Ursprüngen bis in die jüngere Gegenwart hinein fasst die Sprache als eine kognitive Großstruktur auf, die dem Einzelnen übergeordnet ist und die über das in ihr verkörperte Wissen und über von ihr generierte konventionelle Praktiken den Zusammenhang der Gesellschaft stiftet. Die Möglichkeit eines präverbalen Denkens wird verworfen, es gebe kein Denken ohne private oder öffentliche Sprache. Das Bewusstsein des Menschen sei sprachlich strukturiert. Ohne sprachliche Artikulation gebe es auch keine Moral. Eine Trennung zwischen Sprache und Denken sei nicht wirklich vorstellbar.

Der Ursprung der kognitiven Großstruktur Sprache wird entweder als natürlich oder als transzendent gesehen. Bei Beschränkung auf die Immanenz entsteht Sprache evolutionär, in Analogie zur Entwicklung der biologischen Attribute des Menschen in einem darwinistischen Prozess. Der literarisch interessantere Fall ist natürlich die Transzendenz. Die theologische Variante betrachtet die Sprache als Geschenk Gottes. Das Schlüsselwort in diesem Zusammenhang ist *logos*. Die Sprache sei aus dem Wort Gottes hervorgegangen, alle logischen sowie grammatischen Operationen und das Denken überhaupt verdankten sich allein diesem Ursprung. Selbst das einfachste sprachliche Artefakt sei göttlicher Natur. In den nichttheologischen Varianten wird zwar Gott geleugnet, aber es bleibt bei seinen geheimnisumwehten Wirkungen.

Sind die säkularisierten Menschen frei, über das Geschenk aus der Transzendenz zu verfügen? Selbst die Aufklärer und ihre unmittelbaren Nachfolger verteidigten noch glühend den transzendenten Ursprung der Sprache: Zuerst war der *logos* und dann der Mensch. Aber sie sahen die Sprache auch als Ressource, als *das* universale Werkzeug der Erkenntnis. Die Sprache ermögliche es dem Menschen, Künste und Wissenschaften hervorzubringen und auf diese Weise seine Stellung im Universum zu definieren. Ein breiter Strang der Sprachphilosophie und der Literatur über Literatur – nicht zuletzt Gott selbst – verneint jedoch die Möglichkeit, dass der Mensch die Sprache als Werkzeug benutzen kann. Der Mensch sei nicht Herr der Sprache, sondern ihr Diener. Nicht der Mensch spreche die Sprache, die Sprache spreche den Menschen. Die Poesie, die Rede von Gott und von allem, was jenseits unserer Existenz ist, und als Spätkommender auch der Roman, seien nicht Früchte einer menschlichen Fähigkeit oder Fertigkeit, die darin bestünde, die Sprache zu beherrschen. Dergleichen anzunehmen wäre pure Hybris. Vielmehr regiere die Sprache den Menschen. Sie wähle einzelne Menschen aus, deren Privileg es sei, ein Sklavendasein zu führen: Der Seher, der Dichter, als neuzeitliche Kombination aus beiden auch der Romancier führe das aus, was ihm die von Gott gegebene Sprache sage.

Gemäß dem Meister aus Deutschland ist allein der Mensch in der Lage, das Problem des Seins anzugehen. Der Philosoph verlangte, dass sich der Mensch bedin-

16

gungslos der Sprache unterwerfe. Geschehe das nicht, gerate die unüberbrückbare Differenz zwischen Sein und Dasein, zwischen Essenz und Existenz, in Vergessenheit. Diese Seinsvergessenheit habe zu zahllosen Irrtümern geführt, darunter als die schwerwiegendsten sowohl der Humanismus als auch die Wissenschaftsgläubigkeit. Wenn sich der Mensch der Sprache nicht verweigere, höre er, wie aus ihr das Sein selbst spreche. Wahrheit ist die Selbstaussage des Seins, *alêtheia*. In der Gestalt des *logos* begegne das Sein dem Menschen und enthülle sich ihm. Diese Enthüllung sei jedoch eine so radikale, dass sie zugleich auch wieder ein Verbergen darstelle. Der Mensch sei der Hüter des *logos*, er höre auf ihn. Der Mensch *ist* nur, wenn er sich in Passivität der Ankunft der Sprache öffnet, wenn er sich aufnahmebereit der Lichtung des Seins stellt. Die Worte der poetischen Rede können jeweils nur diese und niemals andere sein, genau wie ihre Aneinanderreihung nur so und niemals anders geschehen kann. Wie die Sprache insgesamt ein Geschenk an den Menschen sei, stellten die Worte der poetischen Rede ein Geschenk an den Dichter dar. Nicht der Dichter spreche, er werde von der Sprache gesprochen. Die Sprache spreche, immer und allein sie.

Der zur selben Zeit in England erfolgreiche österreichische Transzendenzphilosoph benutzte hingegen keine ungewöhnlichen Komposita, auf sein Konto gehen auch keine Neologismen. Weil sein Begriff von *logos* zunächst die Logik war, später revozierte er, wurde er zu Unrecht als analytischer Philosoph geführt. Dabei klagte er, alles, was er besitze, sei Prosa, die zu einem bestimmten Punkt gelange. Das Ideal seiner Sprache war eingestanden dasjenige der Dichtung. Wäre es praktizierbar gewesen, hätte er seine Untersuchungen Gott gewidmet. Den Teil seines Werkes, den er nicht geschrieben hatte, betrachtete er als den wichtigeren. Ihn trieb die Frage um: Kann der Mensch so leben, dass das Leben aufhört, problematisch zu sein? Dass er im Ewigen *lebt* und nicht in der Zeit? Aber er betrachtete diesen Wunsch nach gottgleicher Teilhabe am Unendlichen, an der Ewigkeit, auch als den eigentlichen Sündenfall. Der Wünschende musste dafür abzählbar unendlich oft bestraft werden. Als Dienerin einer Transzendenz, die sie niemals erfassen kann, sollte die Philosophie für die Bestrafung sorgen, indem sie dem Menschen per Analyse zuerst künstlicher Sprachen und später der Umgangssprache die Endlichkeit seiner Welt aufweist: dass die Grenzen seiner Sprache die Grenzen seiner Welt bedeuten.

Derselbe Philosoph hat ein gänzlich nicht-analytisches Bild für die Sprache vorgeschlagen: Man solle die Sprache ansehen als eine alte Stadt, ein Gewinkel von Gässchen und Plätzen, alten und neuen Häusern sowie solchen mit Zubauten aus verschiedenen Zeiten, umgeben von einer Menge neuer Vororte mit geraden und regelmäßigen Straßen und mit einförmigen Häusern. Die Sprachbenutzer wohnten in ihrer Sprache, einer neben dem anderen, getrennt durch tragende oder nichttragende Wände, von denen keiner angeben könne, wer sie errichtet hat.

18

Der Meister aus Deutschland und sein Pendant aus Österreich haben die Grenzen der Sprache behauptet, aber nicht markiert. Das ist wohl auch nicht möglich. Die Sprache zieht Grenzen, aber es scheint keine Grenzen für die Art und Weise zu geben, wie sie das durchführt. So können etwa räumliche Relationen durch ein egozentrisches oder durch ein geographisches Koordinatensystem ausgedrückt werden. Egozentrische Koordinaten hängen vom Körper des Sprachbenutzers ab, das Koordinatensystem bewegt sich mit dem Sprecher. Das geographische Koordinatensystem verwendet die Himmelsrichtungen und ist unabhängig vom Sprecher. Sprachen nicht-technischer Gesellschaften verwenden häufig ausschließlich oder schwerpunktmäßig das eine oder das andere Koordinatensystem. In den Sprachen moderner, technikbasierter Gesellschaften hat der Sprachbenutzer die Wahl. Es ist kein Zwang wirksam, sich auf ein bestimmtes Koordinatensystem festzulegen. Nur die ultimative Festlegung auf ein bestimmtes Koordinatensystem würde eine Grenze bedeuten.

In Zeiten, zu denen keine oder sehr beschränkte Aufzeichnungsmöglichkeiten existierten, verkörperten die Sprachen, so wie sie gesprochen wurden, tatsächlich einen großen Anteil des Weltwissens. Aber diese Zeiten waren schon lange vorbei, als die Philosophen die Sprache als transzendente Baulichkeit träumten. Die Sprache ist keine kognitive Großstruktur, die nur an der Oberfläche veränderlich wäre. Die Philosophen würden so gern ewig leben. Aber die Ewigkeit ist nicht durch den

Trick zu haben, Sprache mit Ewigkeit gleichzusetzen und dann in der Sprache Wohnung zu nehmen. Verfasser von Romanen und Gedichten sind gleichfalls nicht Hausbesitzer oder Mieter im Zentrum oder der Banlieue einer transzendenten Stadt. Das Bild einer steinernen Gegenwart, die sich unübersehbar aus der Vergangenheit unabsehbar in die Zukunft erstreckt, mutet mittlerweile wie Fantasy an.

Es sieht so aus, als könne man in den modernen Sprachen so ziemlich alles ausdrücken, was man will. Man muss es nur wollen. Die Linguistik zeigt auf: Die verschiedenen Sprachen unterscheiden sich weniger durch die Informationen, die der Benutzer vermitteln kann, als durch die Informationen, die er im Korsett seiner Sprache übermitteln muss. Wenn ein Amerikaner berichtet: I was hangin' out with a friend, dann bleibt bekanntlich erst einmal offen, ob er in männlicher oder weiblicher Begleitung war. Der Deutsche muss in derselben Situation sofort kundtun, ob er mit einem Freund oder mit einer Freundin ausging. Insofern die Sprache den Benutzer zwingt, grundsätzlich bestimmte Eigenschaften der Welt vermehrt und andere vermindert zu artikulieren, übt das natürlich Einfluss auf Denkgewohnheiten und damit auf Wahrnehmung und Erinnerung aus. Aber es werden keine Grenzen gezogen, denen man sich nur von einer Seite nähern und die man nicht überschreiten kann.

Sprachliche Artefakte beziehen sich auf etwas: auf Außersprachliches und auf andere sprachliche Artefakte. Wie bezieht sich ein sprachliches Artefakt auf Außersprachliches? Kann man überhaupt sinnvoll behaupten, dass sich ein sprachliches Artefakt auf Außersprachliches bezieht? Die Linguisten sprechen in diesem Zusammenhang vom *symbol grounding problem*.

Kein Entwicklungspsychologe kann angeben, warum die Phase des Spracherwerbs mit ungefähr zwölf Monaten beginnt und nicht mit sechs Monaten oder drei Jahren. Wenn sich ein Kind eine Sprache aneignet, muss es lernen, mit den sprachlichen Artefakten etwas zu verbinden. Ein Kind in diesem Alter hat naturgemäß zunächst keine Möglichkeit, etwa Überlegungen anzustellen und abzuwägen, wer was warum sagen will und worauf genau der in Frage stehende Ausdruck Bezug nimmt. Das würde die kognitiven Fähigkeiten in dieser Entwicklungsphase weit übersteigen. In der gegebenen Situation ist es nützlich, davon auszugehen, dass sprachliche Artefakte direkt auf Dinge und Vorgänge in der Welt zeigen. Die Annahme, dass sprachliche Artefakte Bestandteile der Welt bezeichnen, ist nichts weiter als eine Heuristik, ohne die sich die kognitive Ausstattung des Menschen nicht formieren kann. Die Konzeption des Bezeichnens ist tief in den Anfängen der kognitiven Entwicklung des Einzelnen verankert. Die Art und Weise, wie sich diese Entwicklung vollzogen hat, wird jedoch regelmäßig aus dem Gedächtnis des Einzelnen getilgt. Dieses Vergessen ist dafür verantwortlich, dass

Menschen Namen und Worten gern magische Eigenschaften zugeschrieben und die Sprache insgesamt als transzendente Schöpfung betrachtet haben.

Der Prozess des Spracherwerbs ist erstaunlich robust. Dabei ist die Verbindung zwischen der akustischen beziehungsweise optischen Gestalt eines sprachlichen Artefakts und dem, worauf es sich bezieht, bis auf wenige Ausnahmen höchst arbiträr. Empirische Untersuchungen haben gezeigt: Kinder lernen Wörter auch ohne das strikt gleichzeitige Auftreten von Wort und Bezug. Insbesondere ist es keineswegs unerlässlich, den Bezug eines Wortes gezielt hervorzuheben, etwa auf einen Gegenstand zu zeigen. Kinder isolieren den Bezug eines Wortes zum Beispiel aus einer Anweisung. Oft können sie den Bezug eines Wortes nach einmaligem Hören korrekt ausmachen und im Gedächtnis speichern. Der Gebrauch der neu erlernten Wörter muss nicht notwendigerweise gezielt korrigiert werden, es gibt Gesellschaften, in denen die Erwachsenen die Kinder so gut wie nie sprachlich verbessern, trotzdem verhalten sich die Heranwachsenden sprachlich korrekt. Auch ist nicht der uneingeschränkte Gebrauch aller Sinne notwendig, um Sprache zu erlernen. Das Sprachverhalten blinder Dreijähriger unterscheidet sich nicht wesentlich von demjenigen Gleichaltriger mit einem günstigeren Schicksal.

Ein Kind, das einen Ausdruck zum ersten Mal hört, muss sich sowohl dessen Struktur als auch dessen Bezug merken. Dabei geht das Kind natürlich nicht alle in der Situation grundsätzlich denkbaren Möglichkeiten durch. Die Möglichkeiten werden wirkungsvoll eingeschränkt durch weitere heuristische Annahmen. Die erste und wichtigste ist die *whole object assumption*: Die Umgebung wird eingeteilt in Dinge. Hervorspringende, Aufmerksamkeit heischende Teile der Umgebung werden jeweils als ein Ding betrachtet. Damit etwas für einen Säugling beziehungsweise für ein Kleinkind ein Objekt ist, müssen vier Bedingungen erfüllt sein:

– Kohäsion: Eine verbundene und begrenzte Ansammlung von Materie bleibt verbunden, wenn sie in Bewegung ist.
– Kontinuität: Die Materieansammlung bewegt sich stetig durch Zeit und Raum, sie verschwindet nicht an einem Punkt und taucht an einem anderen unvermutet wieder auf.
– Solidität: Zwei Objekte durchdringen sich nicht gegenseitig.
– Kontakt: Unbelebte Objekte bewegen sich nur, wenn sie berührt und bewegt werden.

Natürlich gibt es jede Menge Begriffe, die nicht als Objekte im definierten Sinn aufgefasst werden können. Mit diesen einfachen, aber auch mit komplexeren empirischen Erkenntnissen über den Spracherwerb wird das *symbol grounding problem* freilich nicht gelöst.

Insoweit die Sprache auf etwas verweist, erzeugt sie zu einem bestimmten Zeitpunkt jeweils einen bestimmten morphologischen Raum: Dieser enthält die Menge aller möglichen Gegenstände und Vorgänge, auf die sich ein Benutzer zu einem bestimmten Zeitpunkt mittels der Sprache zu beziehen in der Lage ist. Die Verweisung variiert gemäß unendlich vieler Kategorien, sie kann alltagssprachlich, fachsprachlich oder nach irgendeinem Maßstab poetisch ausgeführt sein. Der Möglichkeitsraum kann auf verschiedene, äquivalente Weisen aufgespannt werden, die prominentesten Alternativen sind die Einteilung nach Gegenständen und Vorgängen einerseits und die Ordnung in komplette mögliche Welten andererseits. Wenn nur ein Gegenstand oder ein Vorgang anders ist, hat man bereits zwei mögliche Welten, betrachtet man einen ausgesuchten Gegenstand oder Vorgang, dann kann man ihn durch die Gesamtheit der möglichen Welten beschreiben, denen dieser Gegenstand oder Vorgang gemeinsam ist.

Der morphologische Raum einer Sprache ist die Gesamtheit aller möglichen Welten, auf die sich die Sprache beziehen kann. Im morphologischen Raum sind die Stellen unabhängig davon definiert, ob sie ausgefüllt werden oder nicht. Eine Leerstelle ist ausgefüllt, wenn ein sprachliches Artefakt geäußert wird, das sich auf die Leerstelle bezieht. Die Ausfüllung einer Stelle im morphologischen Raum bedeutet keineswegs automatisch, dass der entsprechende Gegenstand oder Vorgang in irgendeinem Sinn als real qualifiziert wird. Eine wissenschaftliche Theorie bezieht sich auf eine Menge möglicher Welten, und zwar auf diejenigen, in denen

24

die wissenschaftliche Theorie gilt. Die Bezugnahme ist mit der Behauptung verbunden, dass sich unter diesen wirkliche Welten befinden. Ein Roman wählt eine mögliche Welt oder vielmehr eine Menge von möglichen Welten aus, die mit dem Roman vereinbar sind. Durch das korrespondierende sprachliche Artefakt wird die Welt, auf die sich der Roman bezieht, nicht wirklich. Aber alle mit ihm vereinbaren Welten werden herausgehoben, gegenüber anderen Welten ausgezeichnet.

Die Sprache erschöpft sich nicht in der Bezugnahme auf Gegenstände und Vorgänge, die bereits existieren. Eine gleichberechtigte Funktion der Sprache besteht darin, Gegenstände und Vorgänge ins Leben zu rufen, die es ohne Sprache nicht geben kann. Die Sprechakttheorie untersucht sprachliche Äußerungen, die unmittelbar bestimmte, von der Gesellschaft gewollte Beziehungen zwischen den beteiligten Einzelnen stiften. Befehle, Versprechen und Warnungen sind sprachliche Handlungen, die gezielt andere Handlungen hervorrufen sollen. Auf diese Weise erschafft Sprache Sachverhalte, die ohne Sprache nicht existieren würden.

Die Sprache ist keine starre Großstruktur, sondern ein Befehlsmenü. Jeder Einzelne kann über das Befehlsmenü verfügen, dessen Zweck darin besteht, zu einem anderen Einzelnen ohne körperliche Berührung Verbindung aufzunehmen und sie zu halten oder wieder abzubrechen. Alle sprachlichen Artefakte, nicht nur diejenigen, die unverzichtbare Bestandteile von Sprechakten sind, bilden potentiell Glieder von Handlungszusammenhängen. Sprechen ist grundsätzlich Handeln, auch wenn kein Sprechakt im engeren Sinn beabsichtigt ist.

2. Evolution

Die biologische Evolution folgt keinem Plan. Ihr Verfahren ist denkbar einfach: Eine Entität, die zu einem bestimmten Zeitpunkt existiert, die übrig geblieben ist, verändert sich. Die Naturgesetze und die Ausgangsbedingungen legen deterministisch die Änderung oder stochastisch die Menge der möglichen Änderungen fest. Dann kommt es zu einer Verzweigung: Die neue Entität bleibt übrig oder nicht, sie existiert eine Zeitlang weiter oder nicht. Existieren bedeutet für einen biologischen Organismus immer das Verbrauchen von Energie. Ob die Entität übrig bleibt, hängt von den Ressourcen ab, auf die die Entität angewiesen ist, und von der Art und Weise, wie die Entität die Ressourcen nützt. Somit auch davon, ob andere Entitäten ebenfalls auf diese Ressourcen zugreifen. Die biologische Evolution ist die logische Folge von bestimmten Regelmäßigkeiten des Geschehens im Universum, insbesondere von Naturgesetzen, und der Tatsache, dass überhaupt etwas existiert. Das ist alles.

Das Argument gegen die biologische Evolutionstheorie ist immer ein Wahrscheinlichkeitsargument: Die Wahrscheinlichkeiten dafür, dass sich selbst reproduzierende Lebensformen spontan auf der Erde entstanden seien und dass sich aus diesen durch Mutation und Selektion die jetzt lebenden Organismen gebildet hätten, seien nach den bekannten physikalischen und chemischen Gesetzen zu gering. Das Problem dieser Betrachtungsweise ist, dass sie sich im Leeren abspielt. Die bekannten Naturgesetze liefern zumindest einen Maßstab für Wahrscheinlichkeiten. Aber wer sollte die Wahrscheinlichkeit für *intelligent design*, für einen Schöpfergott festlegen? Welche wären die alternativen Gesetze – es müssten ja keineswegs Naturgesetze sein –, die den Entwicklungspfad des Lebens auf der Erde wahrscheinlicher machten? Regelmäßigkeiten im Geschehen des Universums müssen nicht unbedingt mit hohen Wahrscheinlichkeiten verbunden sein. Außerdem spielen isolierte Ex-post-Wahrscheinlichkeiten für den Menschen in der Regel keine Rolle. Der Lottogewinner muss sein Leben mit Lottogewinn meistern, nicht ohne.

Dabei ist die Beschreibung der biologischen Evolution als *struggle for survival* schlichtweg falsch, die Rede von *survival of the fittest* höchst irreführend. Nur die allerwenigsten Lebensformen haben die Möglichkeit, gegen irgendetwas oder irgendjemanden zu kämpfen. Stattdessen konkurrieren die biologischen Entitäten in einer bestimmten Umgebung um Ressourcen. Lediglich im Ausnahmefall nehmen die Entitäten diese

Wettbewerbssituation überhaupt wahr und wissen um ihr mögliches eigenes Ende. Die überwiegende Anzahl der biologischen Entitäten besteht nicht aus Sportlern, die gegen Konkurrenten Wettbewerbe gewinnen wollen, oder aus Kaufleuten, die zahlungsfähig bleiben müssen. Wo kein Bewusstsein des möglichen eigenen Endes besteht, suggeriert die Wettbewerbsmetapher außerdem fälschlicherweise einen Betrachter, der einen *God's eye point of view* einnimmt und einen Plan sieht, den es niemals gab und niemals geben wird.

Lebendes Gewebe muss sich in einem bestimmten physiologischen Zustand befinden, damit es überlebt. Ein Zustand außerhalb des homöostatischen Bereichs von längerer Dauer führt unweigerlich dazu, dass das Gewebe abstirbt. Abweichungen vom Homöostasebereich müssen registriert und korrigiert werden, wenn das Gewebe überleben soll. Bei einfachen Organismen geschieht dies über elementare chemische Regelkreise. Bei höher entwickelten Organismen werden die Abweichungen im Gehirn registriert und gemessen. Die Abweichungen setzen dann im Gehirn Korrekturmechanismen der verschiedensten Art und Fristigkeit in Gang. Die Gehirne der am höchsten entwickelten Organismen verfügen über ein Gedächtnis, das die entsprechenden Abläufe aufzeichnet. Auf dieser Basis können auch Voraussagen über zukünftige Verhältnisse gebildet werden. Alles, was die Homöostase fördert, verlängert die Existenz, ermöglicht Überleben. Die Biologen sprechen vom biologischen Wert.

In einem Gehirn, das über ein Gedächtnis für innere und äußere Zustände verfügt, das möglicherweise die Kriterien für Bewusstsein erfüllt, sind den Parametern des Homöostasebereichs Empfindungen, Erlebnisse von Gefühlen zugeordnet: Optimale Bereiche der Homöostase sind mit angenehmen Gefühlen wie Freude und Befriedigung assoziiert, gefährliche Bereiche mit unangenehmen Gefühlen wie Unwohlsein, Schrecken, Schmerz. Das Gefühl Gleichgültigkeit signalisiert eine Homöostase im neutralen Bereich. Wenn die Gleichgültigkeit zu weit geht, ist sie Symptom einer Depression. Diese Gefühle sind gewissermaßen Barometerstände des inneren und äußeren Wetters. Hochentwickelte Gehirne gewährleisten die Homöostase ihrer Träger ganz wesentlich mit Hilfe eines komplexen Zusammenspiels von Trieben und Motivationen.

Komplexere biologische Organismen schließen sich häufig zusammen. Unter bestimmten Bedingungen bleibt der entstandene Verbund eher übrig als die einzelnen Einheiten, aus denen er zusammengesetzt ist. Der primäre evolutionäre Vorteil von Sprache besteht nicht darin, dass ihre Erzeugnisse sich auf etwas beziehen, was es gibt oder nicht gibt. Sprache ermöglicht die unkörperliche Verbindung zwischen ihren Benutzern.

Der Begriff des biologischen Wertes ist sinnvoll nur anwendbar auf eine existierende biologische Entität, wobei es keine Rolle spielt, wie komplex diese ist. Der biologische Wert kann keinen Beitrag leisten, wenn es darum geht zu erklären, warum sich neue Einheiten bilden oder warum sich bestehende Einheiten zu neuen zusammenschließen.

Das, worauf sprachliche Artefakte verweisen, und die Art, wie sie verweisen, muss sich einem Ziel unterordnen: Die Einzelnen müssen genügend viele Verbindungen miteinander halten, damit von einer Gesellschaft die Rede sein kann. Indem die Einzelnen sprachliche Artefakte verwenden, werden diese zu Elementen des Handlungsgeflechtes zwischen den Einzelnen. Zuerst kommt die Verbindung zwischen den Sprechern, dann der Bezug der sprachlichen Artefakte. Diese Priorität ist experimentell eindrucksvoll bestätigt: Der Versuchsleiter lässt ein achtzehn Monate altes Kind mit einem Objekt spielen, ein anderes Objekt hat er vor sich gelegt. Während das Kind auf das Objekt blickt, mit dem es spielt, richtet der Versuchsleiter seinen Blick auf das Objekt vor sich und sagt ein neues, ein Phantasiewort. Das Kind sieht nicht mehr das Objekt an, mit dem es gespielt hat, sondern den Versuchsleiter und das Objekt, das dieser fixiert. Später zeigt der Versuchsleiter dem Kind beide Objekte und fragt, welches Objekt dasjenige ist, das er mit dem Phantasiewort belegt hat. Das Kind weist auf das Objekt, das der Versuchsleiter fixierte, während er das Phantasiewort aussprach, nicht auf das Objekt, das es selbst in diesem Moment anblickte.

Die Sprachbenutzer verhalten sich und handeln, immer. Die Sprache handelt nicht und verhält sich nicht.

Die Benutzer verweisen und befehlen, indem sie sich sprachlich äußern. Die Sprache verweist nicht und befiehlt nicht. Die Sprache strukturiert weder Raum noch Zeit oder irgendetwas, auch nicht ihren eigenen Möglichkeitsraum. Insofern die Sprache auf etwas verweist, sind es immer die Benutzer, die den Möglichkeitsraum strukturieren und ihn durch Markierungen der verschiedensten Art erschließen.

Wenn der Körper eines Einzelnen in irgendeiner Form mit der Welt zu tun bekommt, hinterlässt das Spuren: Der äußere beziehungsweise der innere Zustand des Körpers ändert sich, je nachdem, auf welche Weise der Körper mit der Welt zu tun hat. Ein Teil des inneren Zustands bezieht sich auf die Wechselwirkung mit der Umwelt, hält diese fest. Der innere Zustand des Körpers wird durch das Gehirn verwaltet.

Das menschliche Gehirn erzeugt unablässig Kombinationen von Sinnesempfindungen und von konkreten und abstrakten Gedanken zu Vorstellungen, um sich selbst zu informieren. Es gibt keinen Sammelbegriff, welcher der Vielfalt der Hervorbringungen des Gehirns gerecht würde. Die Neurowissenschaftler sprechen hier gern von Karten. Der Begriff ist unbefriedigend, das Gehirn ist kein Zeichner, und es gehört nicht zum üblichen Begriffsinhalt, dass sich die Karte permanent ändert. Aber der Vorteil der Karten-Metapher besteht darin, dass sie nur eine geringfügige philosophische Vorbelastung aufweist. Alles, was sich außerhalb des Gehirns befindet, wird erfasst: die Zustände des eigenen Körpers und seiner Organe als Befindlichkeiten, die Außenwelt mit allen Objekten, so wie sie die Sinnesorgane wahrnehmen. Alle Formen der sinnlichen Wahrnehmung gehen in die Karten ein. Niemals wird allein das registriert, was mit dem Körper in Beziehung getreten ist. Festgehalten wird immer, wie der Körper auf die Außenwelt reagiert oder in Bezug auf sie agiert hat. Niemals bilden die Karten eine äußere Landschaft ab, immer beziehen sie sich zugleich und untrennbar auf die äußere und die innere Landschaft. Eine wichtige Unterklasse von Karten besteht in Bildern, wenn die Karten von optischen Einflüssen dominiert werden.

Im Fall der Interaktion mit der Außenwelt sind die Karten das Resultat von Veränderungen des Körpers und des Gehirns, die durch die Interaktion ausgelöst werden. Die Sensoren des Körpers senden Signale durch das Nervensystem und an das Gehirn. Die entsprechenden neuronalen Muster bilden die Interaktionen des Körpers mit der Umwelt ab. Auf die Außenwelt wird nur und genau in der Form der Modifikationen verwiesen, die sie im Körper und im Gehirn auslöst. Die Bildung von Karten erfolgt jedoch auch reflexiv: Alles, was im Gehirn gespeichert ist, kann ebenfalls zum Bestandteil von Karten werden. Keineswegs alle Karten erreichen die Bewusstseinsschwelle, im Gegenteil: Vor allem die Karten, die der Bewegungssteuerung dienen, operieren, wie vom Sport bekannt ist, beim untrainierten Körper im Unbewussten.

Es gibt keinen Knopf, der die Aktivität der Kartenerzeugung starten oder stoppen würde. Das Gehirn des Menschen ist dazu gemacht, ständig aktiv zu sein. Der Ursprung dieser Fähigkeit ist das Monitoring von Körperzuständen. Das Gehirn kann nicht nicht aktiv sein und auch nicht zurückgesetzt werden. Der Gedanke der Tabula rasa ist in Bezug auf das Gehirn verfehlt.

Ähnlich missraten ist eine Metaphysik, die die Welt außerhalb Gottes in eine Res extensa und eine prinzipiell von dieser unabhängige Res cogitans einteilt. Der Ursprung des Geistes, was immer man darunter verstehen mag, ist der Körper und das Gehirn. Alles, was Geist ausmacht, baut auf dem auf, was hier mit Karten bezeichnet wird. Eine Trennung des Geistes vom menschlichen Körper mit dem weiteren technischen Fortschritt ist denkbar, eine Emanzipation des Geistes von jeder Art von Körperlichkeit oder Stofflichkeit scheint ausgeschlossen.

Mit Hilfe der Kartenmetapher lässt sich der primäre evolutionäre Vorteil von Sprache besser erklären: Sprachliche Artefakte verweisen auf bestimmte Karten oder Bestandteile von Karten. Worte sind keine Namen für Gegenstände der Außen- oder Innenwelt. Sprachliche Artefakte beziehen sich immer auf Außen- oder Innenwelten *plus* Interaktionsmöglichkeiten mit diesen. Sprachliche Artefakte transportieren Handlungsmöglichkeiten. Diese fördern die Existenz der Einzelnen wie der Gesellschaft. Der Einzelne profitiert von den Erfahrungen, die andere Einzelne im Umgang mit der Welt gemacht haben. Die Gesellschaft wird überhaupt erst zu einer solchen, wenn ihre Mitglieder nicht notwendigerweise abgestimmt, aber bezogen aufeinander handeln. Ein solcher Bezug kommt durch Sprache zustande. Die Gesellschaft ist kein großes Gehirn mit den Einzelnen als Körpern, sie kann keine neuronalen Muster bilden, sie behilft sich anders, sie produziert Informationsmuster.

Man kann über Außersprachliches reden, ohne das Verhältnis von Sprache zu dem, was nicht Sprache ist, genau zu definieren. Es soll hier weder behauptet werden, dass es *eine* außersprachliche Wirklichkeit gibt, noch dass Außersprachliches grundsätzlich nur sprachlich dargestellt werden kann. Einiges deutet darauf hin, dass es sowohl vom Objekt als auch von der sozialen Situation abhängt, welchen Anteil die Sprache an einer Darstellung notwendigerweise haben muss.

Es gibt keine Beziehungen zwischen sprachlichen Artefakten und etwas Außersprachlichem und genauso wenig zwischen sprachlichen Artefakten, es sei denn, jemand stellt sie her. Die Symbole einer nicht entzifferten Schrift mögen auf etwas verwiesen haben, es mag Übersetzungen in andere Schriften gegeben haben. Aber wenn diese Beziehungen nicht aktualisiert werden können, dann gibt es sie nicht mehr. Die in einem technischen Speicher aufbewahrte Information ist keine, wenn der Speicher nicht gelesen wird. Sprachliche

Artefakte ohne Handlungshorizont sind keine, sondern lediglich tote Materie. Ein sprachliches Artefakt kann nur dann Sinnträger sein, wenn es die Möglichkeit eines Handelnden gibt, der das Artefakt zum Anlass oder zur Ursache einer Handlung nimmt. Gleich, wie man Sinn definiert, Sinn meint immer auch die Anschlussmöglichkeit an Optionen für Handelnde.

Aus dieser Perspektive erscheint die Rede von der Sprache als Werkzeug irreführend. Werkzeug bedeutet eine enge Mittel-Zweck-Beziehung. Eine bestimmte Absicht soll verwirklicht werden. Ein sprachliches Artefakt eröffnet dem Adressaten eine Vielfalt von Handlungsmöglichkeiten: von der vorbehaltlosen Zustimmung bis zur kompromisslosen vollständigen Ablehnung, von der Interpretation über die Umgestaltung bis zum völligen Überschreiben des anlassgebenden Artefakts. Wenn mit einer sprachlichen Äußerung immer ganz genau die Absicht des Äußernden verwirklicht werden würde, dann wären Sender und Empfänger grundsätzlich als Automaten beschreibbar – so funktioniert Sprache nicht, so kommt Gesellschaft nicht zustande.

Ein Manual für ein technisches Gerät eröffnet dem Leser Handlungsmöglichkeiten, aber es begrenzt diese Möglichkeiten exakt. Der Roman ist gewissermaßen das Gegenteil eines Manuals: Ein Roman transportiert einen nicht begrenzbaren Überschuss von Handlungsmöglichkeiten. Vom Autor zum Leser, von Leser zu Leser, vom Leser zum Autor zurück.

Liebesgedichte und Oden an Diktatoren sind etwa vorrangig Sprechakte im engeren Sinn. Damit soll unmittelbar ein bestimmtes Ziel erreicht werden. Äußerungen, die Sprechakten im engeren Sinn zugehören, sind Mittel zur Erreichung von Zwecken außerhalb ihrer selbst. Die durch sprachliche Artefakte transportierten Handlungsmöglichkeiten können natürlich auch reflexiv sein, sich auf die sprachlichen Artefakte beziehen, die sie transportieren. Die Daseinsberechtigung des Romans wird immer auch von Zwecken gebildet, die in ihm selbst liegen.

3. Leser

Die weitere Umwelt des Romans wird von den Lesern gebildet. Romane können durchaus Werkzeuge sein: Der Leser möchte sich unterhalten. Der Autor will aufrütteln und den Leser für eine moralische Idee einnehmen. Oder er will seinerseits unterhalten. Die Romane der Weltliteratur erschöpfen sich allerdings niemals darin, Werkzeuge zu sein, mit denen der Autor und der Leser etwas Bestimmtes erreichen wollen. Grundsätzlich ist ein Roman ein sprachliches Artefakt, das nicht mit einem spezifischen Ergebnis verbunden werden kann.

There is no there there. Es gibt keinen archimedischen Punkt außerhalb der Sprache für die ganze Sprache. Nur im Ausnahmefall ist dasjenige, worauf sich eine sprachliche Darstellung bezieht, ohne Sprache fixierbar. Man kann mit dem Finger auf das Gebäude zeigen, in dem man selbst geboren wurde, wenn es noch steht. Auf die Gefühle, die der Anblick des noch existierenden Geburtshauses hervorruft, kann man schon nicht mehr mit den Fingern deuten. Das Geburtshaus und die Gefühle einer Romanfigur sind nur über Sprache zugänglich.

Die Analyse der Bedeutung eines sprachlichen Artefakts ist in der weit überwiegenden Zahl aller Fälle eine sprachliche Tätigkeit.

Bedeutungen sind keine Objekte. Bedeutungen sind Ereignisse. Wenn einem sprachlichen Artefakt eine Bedeutung zugeschrieben wird, passiert etwas mit dem sprachlichen Artefakt und dem Leser. Die wichtigen Fragen sind: Was bewirkt die Lektüre beim Leser? Was *macht* der Roman mit dem Leser, was *macht* der Leser mit dem Roman?

Was ein Roman bedeutet oder nicht bedeutet ist ein Ereignis in der Zeit. Jede Deutung führt zu einer Bedeutung, jede Bedeutung ist das Ergebnis einer Deutung. Deshalb können die beiden Begriffe hier und im Folgenden auch synonym gebraucht werden.

Die unmittelbare Wirkung eines Romans besteht in der Menge der Bedeutungen, die seine Leser dem Roman zuschreiben. Die mittelbare Wirkung des Romans betrifft das Verhalten des Lesers. Kann ein Roman das Leben des Lesers ändern? Das camouflierte oder offene Erwägen der Republikflucht – Letzteres natürlich mit dem Wunschergebnis der Hauptverwaltung Verlage und Buchhandel im Ministerium für Kultur – war nicht hinwegzudenkender Bestandteil vieler Romane aus der DDR. Eine Studie ist denkbar, die den Einfluss der Literatur auf das tatsächliche Verhalten der Bürger untersucht. Ein Roman kann das Leben ändern, wenn erwiesen wäre, dass nur ein Bürger der DDR nach der Lektüre eines bestimmten Romans dort geblieben ist, obwohl er zuvor die feste Absicht hatte, das Land zu verlassen, oder wenn nur ein Bürger floh, obwohl er vor der Lektüre eines – mutmaßlich anderen – Romans ausharren wollte. Romane können aber auch weniger spektakulär auf das Leben des Lesers Einfluss nehmen, indem sie seine Art, die Welt anzuschauen, und seine Lebenseinstellung formen.

Literatur über Literatur verdankt sich in hohem Ausmaß der Sehnsucht nach der einen, richtigen Deutung. Mit dieser Sehnsucht nach Eindeutigkeit geht jedoch häufig ein massiv schlechtes Gewissen einher, welches dazu führt, dass sie nicht bedingungslos ausgelebt wird. Dem, was gerade noch als Fehldeutung in den Orkus gestoßen werden sollte, attestiert man unmittelbar darauf, es sei so schöpferisch: Alle Deutungen seien Fehldeutungen. Ein Werk pflanze sich nur durch Missverständnisse fort. Für einen Autor sei es ein wahres Unglück, verstanden zu werden. Keine Literatur über Literatur ohne derartige Bonmots.

Die Versuche, Bedeutung und ihre Zuschreibung zu formalisieren, lassen sich in drei hauptsächliche Varianten einteilen: Formalisierungen nach dem Vorbild der Prädikatenlogik, generative Transformationsgrammatik und, auf der höchsten und umfassenden Abstraktionsebene, die Anwendung der mathematischen Automatentheorie auf die Erzeugung von sprachlichen

Artefakten. Alle diese Denklinien sind syntaktisch: Es wird untersucht, wie sich kleinere sprachliche Einheiten zu größeren kombinieren und in welcher Beziehung die Bedeutungen der Einzelteile zur Bedeutung des Ganzen stehen. Eine Grammatik ist automatentheoretisch einfach eine endliche Menge von Regeln, die eine potentiell unendliche Menge von Sätzen erzeugen. Insbesondere die generative Transformationsgrammatik und ihre Weiterentwicklungen haben wertvolle Einsichten in das Funktionieren von Sprache unter deren Binnenperspektive ermöglicht. Aber der eigentliche Traum blieb unerfüllt: Die Vorstellung, es sei möglich, Sprache zu beherrschen, noch bevor sie in einer bestimmten Lebenssituation angewendet wird, lässt sich auf diese Weise – und wohl überhaupt – nicht verwirklichen.

Keine Formalisierung kann bis jetzt auch nur annähernd die Breite und die Tiefe literarischen Sprachgebrauchs nachvollziehen, die Möglichkeiten der Denotation und der Konnotation, die verschiedenen Arten expliziter und impliziter Bezugnahme, die Rolle der Auslassung sowie die Gesamtheit dessen, was unter Stilfragen zusammengefasst wird. In der Regel schildern Romane Lebenssituationen im weitesten Sinn. Leser interpretieren die beschriebenen Lebenssituationen aus ihren eigenen heraus. Die Anzahl der grundsätzlich für die Interaktion von Leser und Text zu berücksichtigenden Parameter ist zu groß, als dass sie in einem formalen Rahmen beherrschbar wäre. Diese Beschränkung muss allerdings nicht ewig währen, es liegt nahe, das Problem mit IT anzugehen. In der Mathematik werden mittlerweile immer mehr Beweise vorgeschlagen, die ohne IT nicht durchzuführen wären.

Eine Fehldeutung, sei sie schöpferisch oder nicht, ist das Ergebnis falschen Lesens. Lesen ist ein kognitiver *und* ein Gefühlsprozess. Es gibt keine falschen Empfindungen: Wer aufgeräumt oder niedergeschlagen ist, kann das nicht fälschlicherweise sein, wenn jemand sich von etwas angezogen oder abgestoßen fühlt, kann das höchstens aus den falschen Gründen geschehen. Eine der Wirkungen literarischer sprachlicher Artefakte besteht darin, unmittelbar Gefühle zu erzeugen. Die entsprechende Empfindung des Lesers kann nicht falsch sein. Was wäre ein falscher Grund? Selbst wenn die einzige Absicht des Autors darin bestanden hätte, genau jene Empfindung beim Leser nicht aufkommen zu lassen – es könnte ja sein, dass etwa handwerkliches Unvermögen das der Absicht genau entgegengesetzte Ergebnis gezeitigt hat. Was wiegt mehr, die einzelne Textstelle, die das Gefühl beim Leser hervorgerufen hat, oder ihr Kontext, der gegen dieses Gefühl spricht? Nicht nur bei diesem Beispiel stellt sich die Frage: Darf man überhaupt von falschem Lesen sprechen?

Der Leser soll nach Möglichkeit semantisch und pragmatisch kompetent sein. Semantische Kompetenz bedeutet: Der Leser weiß, was die einzelnen Worte und Ausdrücke bedeuten und wie die Bedeutungen miteinander zu verbinden sind. Pragmatische Kompetenz meint: Der Leser ist fähig, Handlungen und Äußerungen in den Kontext der beschriebenen Gesellschaft einzuordnen, etwa danach, inwieweit sie mit den Regeln der Gesellschaft konform gehen oder ihnen widersprechen. Der Wunschleser ist natürlich darüber hinaus literarisch kompetent, er hat seit jeher Literatur sowie Literatur über Literatur gelesen und insbesondere Kenntnisse über Genres und Stile erworben, die er auf die aktuelle Lektüre anwendet. Man kann es aber auch so sehen: Nicht der Leser wendet die Methode auf das sprachliche Artefakt an, die Methode wendet den Leser auf das sprachliche Artefakt an.

Den kompetenten Leser gibt es nicht. Trotzdem wird die Frage nach dem richtigen oder falschen Lesen immer wieder gestellt. Sprache ist bereits in ihrem denotativen Gebrauch, außerhalb des Literarischen, oft nicht eindeutig. Der konnotative, literarische Gebrauch ist prädestiniert, Widersprüche zu erzeugen. Dabei ist zu berücksichtigen: Ein konnotativer Sprachgebrauch ohne Widersprüche kann jederzeit mittels simpelster formaler Transformationen als denotativer dargestellt werden. Es gibt nur wenige Textgattungen, die einander widersprechende Interpretationen, einander widersprechende Handlungsanweisungen grundsätzlich verbieten: das Lexikon, das Manual, der Beipackzettel, der Absicht nach Gesetzestexte.

Ein intelligenter Leser wird es kaum als erstrebenswerten Zustand ansehen, dass einer vorliegenden Interpretation für alle Zeiten nichts mehr entgegengehalten wird. Aber literarische Leser verhalten sich, das kommt nicht überraschend, häufig widersprüchlich. Derselbe Leser, der zugesteht, dass es in der Regel für einen interessanten Text mehrere plausible Interpretationen gibt, möchte doch im konkreten Fall mit seiner Interpretation recht behalten. Dieser Widerspruch wird von einer demokratischen und einer autoritären Denklinie verwaltet.

Die Demokraten stellen sich vor, dass die Leser Übereinstimmung darüber erzielen, wie die Interpretation des vorliegenden sprachlichen Artefakts aussehen sollte. Die Leser sollen sich nicht deshalb einigen, weil das sprachliche Artefakt eine einzige, wahre, womöglich noch im Zeitablauf stabile Bedeutung hätte. *Die* Zeiten sind vorbei. Damit in der Diskussion nicht Äpfel mit Birnen verglichen werden, müssen die Teilnehmer gewisse Gemeinsamkeiten in ihrem jeweiligen geistigen Hintergrund aufweisen. Die Leser bilden eine Interpretationsgemeinschaft. Verschiedene Interpretationsgemeinschaften interpretieren dasselbe sprachliche Artefakt verschieden. Die Leser ein und derselben Interpretationsgemeinschaft stimmen überein, weil ihre geistige Ausrichtung ihnen keine wirkliche Wahl lässt. Wenn man will, kann man eine Interpretationsgemeinschaft als Verkörperung einer nicht-formalen Methode betrachten, die literarische sprachliche Artefakte organisiert.

Für die Analyse literarischer sprachlicher Artefakte stellt die Demokratie die Lösung eines Problems dar, das gar nicht existiert. Nur in wenigen, klar definierten sozialen Situationen besteht ein Einigungszwang in Bezug auf Interpretationen. Der akademische Kandidat tut gut daran, dem ihn über ein bestimmtes Sprachkunstwerk prüfenden Lehrstuhlinhaber nicht diametral zu widersprechen. Wer immer ganz falsch deutet, wird nicht Professor. Ansonsten besteht der akademische Betrieb gerade daraus, dass ein Akteur dem anderen widerspricht, natürlich vorzugsweise in einer guten Zeitschrift oder einer renommierten Schriftenreihe. Alles käme zum Erliegen, wenn man sich einig würde. Man stelle sich etwa vor, die Rezensenten in den Feuilletons würden restlos übereinstimmen – schnellstens würden die Literaturchefs die Rezensionsaufträge zu konfliktfreudigeren Beiträgern umleiten.

Ein sprachliches Artefakt grenzt immer aus. Das gilt für Inhalt wie für Form, für denotative wie für konnotative Bedeutungen. Indem das sprachliche Artefakt bestimmte Bezüge auf eine bestimmte Weise realisiert, werden andere Arten des Bezugnehmens und eine Vielzahl anderer Bezüge zu diesem Zeitpunkt ausgeschlossen. Es existiert kein Gott mehr, der die Bezüge der sprachlichen Artefakte nach Seiner Manier etabliert. Hat es ihn je gegeben? Die Dekonstruktion untersucht Autoritätsverhältnisse und Machtstrukturen, in deren Rahmen die Bezüge der sprachlichen Artefakte bestimmt und vermittelt werden.

Sprachliche Artefakte transportieren keine Anwesenheit, und sie erzeugen auch keine Anwesenheit. Vielmehr verdanken sie ihre Existenz überhaupt nur der Abwesenheit dessen, worauf sie sich beziehen, und im Fall der Schrift derer, an die sie gerichtet sind. Der Gegenstand, auf den verwiesen wird, so es ihn gibt, muss nicht durch die Landschaft geschleppt werden. Sender und Empfänger einer Botschaft dürfen sich nach Belieben räumlich und zeitlich verpassen, trotzdem können sie in Verbindung treten beziehungsweise eine solche aufrechterhalten. Die Dekonstruktion ist der Kult dieser Abwesenheit. Dekonstruktivistische Autoren führen gern aus, dass die Bezüge von sprachlichen Artefakten flackerten und dass diejenigen von literarischen Erzeugnissen im Besonderen irrlichterten. Sie betrachten Bedeutungen als etwas grundsätzlich Schwebendes. Bedeutungen repräsentierten etwas Aufgeschobenes, Künftiges.

In der Theorie besteht Dekonstruktion darin, den Blick auf das Ausgegrenzte zu lenken und gute Gründe dafür anzugeben, warum es ausgegrenzt wurde. In der Praxis hat die Dekonstruktion eine Obsession für schlechte Gründe in Bezug auf das Ausgegrenzte. Ein vorliegendes sprachliches Artefakt schließt etwas aus, weil der Erzeuger und derjenige, der versucht hat, es zu verstehen, blind und beziehungsweise oder interessengeleitet seien. Die Blindheit gegenüber dem Ausgeschlossenen sei Folge einer nicht hinterfragten Übernahme von obsoleten Traditionen und Konventionen oder von persönlicher intellektueller Unzulänglichkeit. Wenn Interessen eine Rolle spielen, dann könnten das nur Klassen- oder Karriereinteressen sein. Der Dekonstrukteur des sprachlichen Artefakts bereitet dem ein Ende, er entlarvt die Motive, warum bestimmte Bezüge und Arten des Bezugnehmens ausgeschlossen wurden, und setzt Letztere in ihr Recht. Dekonstruktivistische Autoren neigen zu Formulierungen wie etwa derjenigen, das Gesagte sei immer der gewaltsame Ausschluss von Nichtgesagtem. Ein französischer Mode-Psychoanalytiker des zwanzigsten Jahrhunderts ist nicht davor zurückgeschreckt zu verkünden, das Symbol sei der Mord am Ding.

Dekonstruktion meint nicht Auflösung, sondern Ablösung, in den beiden Lesarten, die das Wort erlaubt: Die Anteile des Begriffsinhalts, die sich nicht gerechtfertigten Ausgrenzungen verdanken, werden von ihm abgelöst. Der durch die Dekonstruktion produzierte neue Begriffsinhalt löst den alten ab. Die Dekonstruktion präsentiert sich als die autoritäre Lösung des nicht existierenden Einigungsproblems. Die Diskussion ist beendet. Aber nur für den Augenblick. Der nächste Dekonstrukteur wird seinen Vorgänger gleichfalls wieder der Blindheit und der Interessengeleitetheit zeihen.

Die dekonstruktivistischen Autoren haben ein Versprechen gehört, das schon lange niemand mehr gegeben hat. Natürlich liegen die Bezüge eines sprachlichen Artefakts niemals endgültig fest. Aber das hat seit der Moderne niemand mehr behauptet. Damit Botschaften von Sendern Empfänger erreichen, müssen die Bezüge keineswegs stabil sein. Die Bezüge verändern sich, und zwar auf nachvollziehbare Weisen. Wenn sie sich auf völlig chaotische Weise ändern würden, dann gäbe es gar keine Möglichkeit für die dekonstruktivistischen Autoren, ihre Botschaft zu senden. Aber auch sie schreiben Artikel und Bücher und halten Vorträge. Ohne Identität könnten sie gar nicht formulieren, was Alterität ist.

Sprachliche Artefakte bilden auch nicht die Unterschiede ab, die zwischen ihnen bestehen. Da irrte derjenige Dekonstrukteur, der als der Erfinder der Differenz zur Differenz gilt. Einschlägige auffällige Ähnlichkeiten zwischen der Form sprachlicher Artefakte und der Gestalt dessen, worauf sie verweisen, stellen grundsätzlich die Ausnahme dar. Sprachliche Artefakte erzeugen allerdings Bezüge durch die Unterschiede, die zwischen ihnen herrschen.

Dekonstruktion und sprachliche Transzendenz unterhalten eine innigere Beziehung, als man zunächst zu vermuten geneigt ist. Beide machen keinen Unterschied zwischen Dichtung, Philosophie und wissenschaftlicher Welterkenntnis. Die richtige Ordnung der sprachlichen Artefakte in lyrischer Dichtung und Prosa spiegle die Ordnung des Universums nicht nur wider. Gewissermaßen vom Absoluten berauscht, hängen sprachliche Transzendenz wie Dekonstruktion der Vorstellung an, dass das Denken in sprachlicher Form das Universum erst hervorbringt.

Sprachliche Transzendenz und Dekonstruktion geben sich ihrem Größenwahn jedoch auf methodisch unterschiedliche Art und Weise hin. Erstere verlegt den Zeitpunkt der Übereinstimmung zwischen Sprache und Kosmos in die Vergangenheit, vorzugsweise ins klassische und vorklassische Griechenland. Letztere sucht die Übereinstimmung durch ihre Aktivität in der Gegenwart zu leisten. Hier wird das Verhältnis zwischen sprachlicher Transzendenz und Dekonstruktion intrikat: Es ist nicht übertrieben zu sagen, dass der Meister der sprachlichen Transzendenz auch der Urvater der Dekonstruktion war. Nur nannte er das, was er machte, nicht so. Seine Lektüren waren ein unablässiges Um- und Neuschreiben, seine Übersetzungen ein beständiges Neuschaffen. Er gab an, er grabe Bedeutungen aus, denen sich der Urheber eines sprachlichen Artefakts nicht bewusst war, dies in einem definitiv nicht-psychoanalytischen Sinn. In der Sprache walteten autonome Kräfte, welche die beabsichtigte Verwendung durch den Benutzer durchkreuzten. Die wahre Leseerfahrung bestehe in dem Erlebnis, wie das Innere des Wortes äußerlich verstehbar werde. Das korrespondiert aufs Schönste mit der Auffassung desjenigen Dekonstrukteurs, der das Zusammenspiel von Blindheit und Einsicht in der Literatur untersuchte. Seine Arbeitshypothese war, dass der Text auf absolute Weise weiß, was er tut. Der Text werde nicht durch eine philosophische Intervention von außerhalb dekonstruiert, vielmehr dekonstruiere sich der Text selbst. Hat der Dekonstrukteur die gewonnenen Einsichten auch auf sein eigenes Leben angewandt?

Nach alldem muss eigentlich gar nicht mehr bemerkt werden, dass sich sprachliche Transzendenz und die Dekonstruktion in einem radikalen Kulturpessimismus einig sind. Die Sprache, die einst mit dem Universum deckungsgleich war, ist im Verlauf der Historie katastrophal entartet. Sie entwertet sich ständig selbst, wenn nicht eine Korrektur durch Dekonstruktion erfolgt. Der Dekonstrukteur, der den *logos* bekämpft, weil dieser in seiner Allmacht zu viel ausgrenzt, ist zugleich der Hüter des *logos*.

Kulturpessimismus war zu allen Zeiten die bevorzugte Strategie alter Männer, den Anforderungen der jungen Gegenwart auszuweichen. Dabei ist der Kulturpessimismus immer nur eine Variante der letzten Worte des Replikanten im nach Meinung vieler besten Science-Fiction-Film aller Zeiten, kurz bevor die Abschalt-Automatik greift: »I've seen things you people wouldn't believe. [laughs] ... All those moments will be lost in time, like [coughs] tears in rain. Time to die.«

Die Art und Weise, wie Texte wirken, ist nicht durch die herrschenden Machtverhältnisse als starre Struktur in die Köpfe der Menschen implantiert. Was nottut, ist ein Lesemodell, das nachvollzieht, wie Texte und ihre Bestandteile welche kognitiven und emotionalen Prozesse bei den jeweiligen Lesern auslösen.

4. Der morphologische Raum der Literatur

Warum liest ein Leser?

Der Leser macht Erfahrungen, die ihm sonst verwehrt bleiben würden. In der Literatur über Literatur spielt die Freude am Leben nur selten eine Rolle, viel öfter kommt der Tod vor. Der Literatur wird die Fähigkeit zugesprochen, die Furcht vor dem Tod einzudämmen und das Leiden des Einzelmenschen an der Endlichkeit seiner Existenz zu lindern. Die Literatur soll das leisten, indem sie sich auf diejenigen Eigenschaften der individuellen menschlichen Existenz konzentriert, die diese in ihrem Kern ausmachen. Zugleich greift die Literatur über die Existenz des Einzelnen hinaus, indem sie bestimmte Erscheinungsformen in der Vergangenheit und der Gegenwart isoliert und sie in die Zukunft prolongiert. Der klassische Kanon trägt der begrenzten Zeit der Einzelexistenz, insbesondere der einzelnen Leseexistenz, Rechnung, indem er emotional und kognitiv Unzulängliches und Randständiges ausschließt. Der klassische Leser liest, um sich einerseits angesichts des Todes zu trösten und andererseits für dessen Eintreten zu üben. Er nimmt den Tod immer wieder vorweg und hofft, ihn auf diese Weise seines Stachels zu berauben.

Wir werden alle ständig mehr zu Möglichkeitsmenschen. Die – wie früher viel häufiger formuliert wurde – *bloß mögliche* Existenz ist dabei, der gesicherten – was immer man darunter verstehen mag – Existenz den Rang abzulaufen. Die Stringtheorie etwa schlägt Millionen von möglichen Modellen vor, die aufzeigen sollen, wie das Universum im Kleinsten aufgebaut ist. Ohne dass es bis jetzt auch nur den geringsten Hinweis auf ein Experiment geben würde, welches die Menge dieser Möglichkeiten wenigstens etwas kleiner machen würde. Die Kosmologie als Wissenschaft davon, wie sich das Universum im Großen entwickelt, ist ein Angebot von Dutzenden verschiedener Theorien, die einander diametral widersprechen. Selbst der Minimalkonsens über die kosmische Inflation, die unverhältnismäßig schnelle Ausdehnung des Universums kurz nach dem Urknall, scheint gerade in Frage gestellt. Es gibt kaum eine ökonomische Prognose mehr, die nicht als Szenario formuliert wird. Wobei sich die Experten meist davor hüten, den verschiedenen Möglichkeiten, den verschiedenen Entwicklungspfaden etwa konkrete Wahrscheinlichkeiten zuzuordnen.

Es ist nicht begründbar, dass das Universum existiert, dass es einen bestimmten einzelnen Menschen gibt, dass es die Gesellschaft gibt. Das Universum und der Mensch können über das Warum ihrer Existenz keine

Rechenschaft ablegen. Möglicherweise ist der Mensch deswegen und, wenn überhaupt, nur deswegen frei. Aber der Mensch kann über das Wie seiner Existenz Rechenschaft ablegen, indem er deren Möglichkeitsraum erkundet. Das Mittel der Wahl dazu ist die Literatur und insbesondere der Roman.

Der morphologische Raum der Sprache ist zu groß, als dass man vom Platz käme, wenn man sich mit Überflüssigem aufhält. Es steckt Wahrheit in der Auffassung, dass Literatur repräsentative Sachverhalte schildert. Was irgendwer für die unbehandelte Wirklichkeit hält, ist im Regelfall nicht Gegenstand von Literatur. Repräsentative Sachverhalte haben es an sich, dass sie aller für den gegebenen literarischen Zweck unnötiger Verschachtelungen entkleidet sind. Auf diese Weise gewinnt die Literatur die Freiheit, ihre Gegenstände nach der Logik jeweils bestimmter Regionen des morphologischen Raums der Sprache zu entfalten.

Nicht das Fiktionale als Gegensatz zum Realen macht die im weitesten Sinn erzählende Literatur aus. Wie immer man das Gegensatzpaar real und fiktional definiert. Ein Roman oder eine Erzählung bleibt ein Roman oder eine Erzählung, auch wenn tatsächlich Geschehenes oder Erlebtes wiedergeben wird. Beim Gedicht ist die Sachlage etwas anders: Es ist eher erwünscht als unerwünscht, dass ein Gedicht tatsächlich Empfundenes wiedergibt. Literatur bedeutet, Sorten von möglichen Welten zu ersinnen, die in bestimmten Beziehungen zu wirklichen Welten stehen. Die Literatur markiert und vermisst den morphologischen Raum der Sprache.

Die Literatur ist offen und geschlossen zugleich. Offen insofern, als sie die vielfältigsten Handlungsmöglichkeiten, darunter Interpretationsmöglichkeiten, transportiert, geschlossen, indem sie ständig und deutlich auf sich selbst verweist. Ein Werk gibt den Anstoß für die Entstehung eines anderen Werks, ein Autor bezieht sich auf einen anderen Autor, die Literatur über die Literatur wirkt auf die Literatur zurück. Diese Schließung durch Selbstbezug hat dabei keineswegs die Funktion, wie im Bann des Gegensatzpaars real fiktional gefordert, das sprachliche Artefakt davon abzuhalten, zu entschieden auf das zu verweisen, was irgendjemand für Realität halten mag, und es damit nach dieser Sichtweise zu deliterarisieren. Vielmehr ist die Schließung eine wichtige Methode, um unnötige Redundanzen zu vermeiden.

Damit die alltäglichen Verbindungen funktionieren, dürfen die dazu verwendeten sprachlichen Artefakte nicht zu viele Handlungsmöglichkeiten transportieren. Geht es um Äußerungen, für die die engere Sprechakttheorie zuständig ist, müssen die verfolgten Absichten möglichst eindeutig präsentiert werden. Soll auf einen Gegenstand oder einen Vorgang verwiesen werden, muss dieser Verweis möglichst eindeutig erfolgen. Üblicherweise versteht man unter Denotation die wörtliche oder die Hauptbedeutung eines sprachlichen Artefakts und unter Konnotation alle abgeleiteten oder

Nebenbedeutungen. Im Alltag wie in der Wissenschaft herrscht der denotative Sprachgebrauch vor. Die Literatur lebt vom konnotativen Sprachgebrauch. Der konnotative Sprachgebrauch wirft gewissermaßen Netze aus.

Es ist gerade nicht die Aufgabe von Literatur, bestimmte engere Gebiete im morphologischen Raum zu markieren. Literatur vermisst den morphologischen Raum der Sprache, indem sie Muster generiert, die sich über weitere Teile des Raumes erstrecken. Eine Heuristik dafür besteht darin, bei Straffung der unnötigen Redundanzen die konnotativen Bezüge zu maximieren. Man kann das auf viele Weisen ausdrücken. Etwa, indem man auf den besonderen rhetorischen Charakter literarischer sprachlicher Artefakte abstellt. Nichtliterarische Darstellungen können ebenfalls rhetorisch in dem Sinn sein, dass sie beim Adressaten über das Verständnis des Sprechaktes im engeren Sinn oder des Verweises hinaus bestimmte Handlungen auslösen sollen. Literatur zeichnet sich dann dadurch aus, dass sich ihre sprachlichen Artefakte immer auch auf ihren eigenen rhetorischen Modus beziehen. Der Charme der Raummetapher für die Möglichkeiten der Sprache besteht unter anderem darin, dass man in der entsprechenden Stimmung die Entwicklung des Dichtens und Erzählens als Tanz durch den Möglichkeitsraum betrachten kann.

Nichtliterarische Darstellungen unterhalten im Regelfall keine Rückkopplung zu den Stellen im morphologischen Raum der Sprache, die sie markieren. Beziehen sich wissenschaftliche Untersuchungen auf den morphologischen Raum der Sprache, dann unter der Voraussetzung, dass dieser Bezug den morphologischen Raum nicht verändert. Literatur ist dagegen nicht denkbar ohne eine derartige Rückkopplung, Literatur besteht geradezu aus dieser Rückkopplung. Indem sie den morphologischen Raum der Sprache verändert, spannt Literatur einen eigenen morphologischen Raum auf.

Der Mensch bestimmt seinen Platz und seine Rolle in der Welt weder allein durch eine soziologische noch durch eine historische Analyse und auch in der Gegenwart nicht nur mittels einer ökonomischen Bilanz. Wie zufrieden oder unzufrieden sich ein Mensch mit seinem Leben zeigt, hängt in hohem Maß davon ab, wie die Geschichten aussehen, die er sich selbst über sein Leben erzählt. Ist sein Leben eine Abfolge von unglücklichen, tragischen Geschichten mit einem bedauernswerten Protagonisten, wird sich der Mensch kaum als glücklich bezeichnen. In diesem qualitätsunabhängigen Sinn ist jeder Mensch Romanautor.

Wendet sich der Mensch auch an andere Menschen, die nicht zu seinem unmittelbaren Umkreis gehören, und gehen seine Geschichten in die Geschichten ein, mit denen sich die anderen Menschen definieren, dann handelt es sich tatsächlich um einen Romanautor. Natürlich ist der Umkehrschluss nicht erlaubt, dass Romane immer Geschichten aus dem oder zum Leben ihrer Autoren enthalten.

Der morphologische Raum der Literatur besitzt eine große Schnittmenge mit dem morphologischen Raum der menschlichen Existenz. Das Navigieren im morphologischen Raum der Literatur hilft dem Einzelnen und der Gesellschaft, einen Platz in der Welt zu finden, sich im Universum zu positionieren. Dass der Roman offen und geschlossen zugleich ist, verleiht ihm Tröstungskapazität für die menschliche Existenz. Aber in der Gegenwart tritt das Tröstungspotential der Literatur in den Hintergrund gegenüber ihrer Fähigkeit, den Menschen zu orientieren.

5. Gefühle

Ein biologischer Organismus muss nach Möglichkeit zwei Aufgaben lösen: Zuerst und immer muss er dafür sorgen, dass er weiter existiert. Danach sollte er darauf sehen, dass er sich in irgendeiner Weise fortpflanzt. Organismen, die nicht merken, dass sie ein Problem haben, werden über dem Problem ihre Existenz einbüßen. Organismen, die erkennen, dass sie ein Problem haben, können darauf reagieren. Lösen sie ihr Problem, sind sie in der Lage, ihre Existenz zu verlängern. Zeit ist alles: Organismen, die vorher wissen, dass ein Problem auf sie zukommt, können das Problem möglicherweise vermeiden. Gefühle helfen dem Organismus, sich in seiner Umwelt zu orientieren sowie auf sie zu reagieren. Einerseits ersetzen Gefühle kognitive Analysen, andererseits bereiten sie solche vor und bestimmen deren Gestalt. Wenn sich die Umwelt des Organismus ändert, ermöglichen Gefühle sowohl Orientierung wie Anpassung innerhalb nützlicher Zeit.

Gefühle erster Ordnung sind größtenteils automatisch ablaufende Programme für Verhalten beziehungsweise

Handlungen. Sie können, müssen aber nicht von kognitiven Programmen begleitet sein. Gefühle zweiter Ordnung sind Wahrnehmungen dessen, was in Körper und
Geist vorgeht, wenn Gefühle erster Ordnung auftreten.

Gefühle erster Ordnung sind in spezifischen neuronalen Netzwerken verankert. Unter anderem garantieren
die entsprechenden Schaltkreise die schnellstmögliche
Verarbeitung von externen Reizen. Die Angstreaktion
befähigt den Organismus, im Millisekundenbereich auf
Gefahrensignale zu reagieren, ohne kognitive Analyse
sofort die Wahl zu treffen zwischen Annäherung an das
signalauslösende Objekt oder Vermeidung desselben.
Empfängt die Amygdala über den Thalamus Signale
aus dem Wahrnehmungsapparat, wird ohne jede Betei-
ligung des sensorischen Kortex sofort entschieden, ob
das Wahrgenommene Gefahrenpotential besitzt. Dieser
Verarbeitungsprozess erfolgt, bevor aus den Sinneswahrnehmungen besondere Merkmale von Objekten
oder Situationen identifiziert werden, bevor die Be-
drohungssituation bewusst als solche wahrgenommen
wird. Der Organismus ist aktiviert für die Verhaltensalternativen Flucht oder Kampf, es kommt zu Bereit-
stellungsreaktionen wie Herzklopfen etc. Mit zeitlicher
Verzögerung erreichen Signale aus dem Großhirn
ebenfalls über den Thalamus die Amygdala. Erst jetzt
werden die Sinneswahrnehmungen analysiert, in einem
bewussten Denkprozess vergleicht der Organismus die
aktuellen Wahrnehmungen mit entsprechenden Erfahrungen, die er in der Vergangenheit gemacht hat. Er

bewertet das Gefahrenpotential der aktuellen Situation und wählt eine Handlungsalternative.

Der Geist des einzelnen Menschen ist verkörpert. Zuerst kam der Körper und dann der Geist. Chemische und neuronale Prozesse bedingen, dass sich der Zustand des Körpers ständig ändert. Das Gehirn begleitet diese Prozesse, indem es unablässig Karten produziert, die den jeweiligen Zustand des Körpers erfassen. Nur ein geringer Teil der Karten erreicht das Bewusstsein, der weitaus größte Teil bleibt unbewusst. Als Reaktion auf die Karten sendet das Gehirn Signale an den Körper. Diese sind ebenfalls bewusst oder unbewusst. Letztere gehen überwiegend von Gehirnarealen aus, deren Aktivitäten niemals Gegenstand des Bewusstseins werden. Mit den neuen Signalen ändert sich der Zustand des Körpers, und das Gehirn erzeugt neue Karten.

Gefühle zweiter Ordnung strukturieren die unaufhörliche Erzeugung von Karten durch das Gehirn. Der eigene Körper ist der zentrale Gegenstand der Karten, ihm gilt der größte Teil der Aufmerksamkeit. Dabei ist das Gehirn zu mehr in der Lage, als Karten über den tatsächlich gegebenen Zustand des Körpers zu produzieren: Es kann Körperzustände verändern und Körperzustände simulieren, die aufgetreten oder noch nicht aufgetreten sind. Gefühle zweiter Ordnung sind nicht an tatsächlich auftretende Gefühle erster Ordnung gebunden, sie können auch aus der Simulation derselben entstehen. Gefühle zweiter Ordnung sind mit bestimmten kognitiven Zuständen und Verhaltens- beziehungsweise Handlungsprogrammen verbunden. Diese Verbindung ist jedoch alles andere als eindeutig und wird von zahlreichen Faktoren beeinflusst. Die wichtigsten sind die Lerngeschichte des Einzelnen und die Anforderungen der Gesellschaft.

Als elementare universale Gefühle werden am häufigsten aufgeführt: Freude, Traurigkeit, Wut, Furcht und Ekel. Die Welt des Glücklichen ist eine andere als die des Unglücklichen. Wer wütend ist, schätzt die Lage anders ein und verhält sich anders, als wenn er Angst hat. Wer sich von einem Gegenstand oder einem Menschen angezogen fühlt, handelt anders, als wenn er sich vor dem Gegenstand oder dem Menschen ekelt. Es gibt keine falschen Gefühle – der Einzelne hat ein Gefühl, oder er hat es nicht.

Die elementaren Gefühle werden auf vielerlei Weise abgewandelt: Freude ist die Basis für Euphorie und Ekstase, aus Traurigkeit wird Melancholie und Wehmut, Furcht mündet in Schüchternheit oder Panik. Die elementaren Gefühle werden auch zu komplexeren Gefühlen kombiniert. Die abgeleiteten Spielarten sind naturgemäß ungleich stärker von den jeweiligen Erfahrungen des Einzelnen und den einschlägigen Konventionen der Gesellschaft beeinflusst als die elementaren Gefühle. Der Übergang zu Stimmungen erscheint fließend.

Eine eigene Kategorie bilden Hintergrundgefühle. Das sind diejenigen Gefühle, die auftreten oder besser: kenntlich werden, wenn keine anderen Gefühle vorherrschen. Wenn die Umwelt keine starken Reize auf den Organismus ausübt und ihre Reize gleich bleiben und wenn sich der Zustand des Körpers nicht von sich aus verändert. Im Gegensatz zu einer technischen Maschine ist ein entwickelter biologischer Mechanismus niemals abgeschaltet. Die Hintergrundgefühle sind Ausdruck dieses Unterschiedes. Die verschiedenen Formen der Meditation bestehen ganz wesentlich darin, die Wahrnehmung dieser Hintergrundgefühle zu fördern.

Das Gehirn stellt mehrere Arten von Gedächtnissen zur Verfügung, damit der Körper aus den von den Karten gelieferten Informationen Nutzen ziehen kann. Ein Vergangenheitsgedächtnis stellt Verbindungen zwischen den im Zeitablauf nacheinander produzierten Karten her, indem es einerseits wiederkehrende Objekte und Ereignisse erfasst und andererseits bestimmte einmalige Ereignisse und Objekte auszeichnet. Ein Arbeitsgedächtnis kombiniert Begriffe und andere Karteneigenschaften zu neuen Begriffen sowie zu Zielen und Mitteln. Ein ›Zukunftsgedächtnis‹ enthält nichtrealisierte Pläne. Wenn der Mensch etwas wahrnimmt, dann nimmt er nicht nur wahr, er fühlt, dass er etwas wahrnimmt. Wer etwas sieht, fühlt, dass er es mit eigenen Augen sieht. Dieses Gefühl ist nur möglich, weil die Wahrnehmungen als Bestandteil von Karten in entsprechenden Gedächtnissen verarbeitet werden. Analoges gilt für Gefühle gegenüber anderen Menschen, Dingen oder Ideen: Die entsprechenden Verbindungen setzen immer Gedächtniskapazitäten voraus.

Gefühle wirken auf kognitive Prozesse ein: Sie bestimmen den Einsatz kognitiver Programme, sie formen deren Struktur und gestalten deren konkrete Anwendung. Dies gilt auch und insbesondere für rationale Entscheidungsprozesse. Bauchgefühle sind äußerst hilfreich dabei, die Anzahl der zu erwägenden Alternativen sinnvoll einzuschränken und die tatsächlich erwogenen Alternativen unter der Beschränkung gegebener Ressourcen mit vertretbarem Aufwand zu detaillieren. Bei oder vielmehr gerade wegen aller Ratio kommt ein Entscheider ohne Gefühl nie zum Ende.

Kognitive Prozesse wirken auf Gefühle ein: Bauchgefühle sind das Ergebnis von Lernprozessen, die nicht die Bewusstseinsschwelle erreichen und als solche gewissermaßen das glatte Gegenteil von Theorien zur Entscheidungssituation darstellen. Der Entscheider verbindet unbewusst gewisse Merkmale der Entscheidungssituation mit Szenarien aus seiner Vergangenheit und macht ebenso unbewusst auf dieser Grundlage Vorhersagen. Der denkende Mensch ist kein Computer, der den Kurs eines Raumfahrzeugs zum Mars oder den rationalen Preis eines Finanzderivats berechnet.

Das Ausmaß, in dem Gefühle durch kognitive Prozesse einerseits beeinflussbar sind und andererseits tatsächlich beeinflusst werden, variiert stark. Grundsätzlich gilt: Beim gesunden Menschen – ein Ausdruck, den eigentlich nur ein Nicht-Mediziner in den Mund nehmen kann – gibt es kein Gefühl, das nicht durch einen kognitiven Prozess verändert werden könnte.

Das Angstmodell ist lehrreich, weil es aus einer gefühlsdominierten und einer eindeutig kognitiv orientierten Komponente besteht. Der erste Schaltkreis, der zur Bereitstellungsreaktion führt, wird ohne spezifisches kognitives Training etabliert. Voraussetzungen sind eine normale Umwelt, also eine solche auf unserem Planeten Erde, und ein nicht wesentlich eingeschränkter Gebrauch der Sinne. Trotzdem weist selbst dieser elementare Schaltkreis schon bei der Etablierung kognitive Parameter auf, er ist nicht invariant gegenüber der Gesellschaft, in welcher der Mensch aufwächst. Experimente mit Wortlisten haben das eindeutige Ergebnis gebracht, dass die Amygdala und andere Teile des limbischen Systems bereits durch Worte mit bedrohlicher Bedeutung aktiviert werden können. Auch darüber hinaus weist der elementare Schaltkreis zahlreiche kognitive Justierungsmöglichkeiten auf. Einmal eingerichtet, kann er durch gezieltes Training verändert bis abgeschaltet werden. Psychische und psychosomatische Krankheiten, die nicht ihre alleinige Ursache in einer Störung physiologischer Vorgänge haben, sind fast immer durch Schaltkreise beschreibbar, die ähnliche Justierungsmöglichkeiten aufweisen wie die erste Komponente des Angstmodells. Die verschiedenen Formen des gestaltenden Umgangs mit diesen Komplexen wie Psychotherapie, Meditation oder körperliche Verhaltensprogramme sind allesamt entscheidend auf kognitive Komponenten angewiesen.

Der zweite Schaltkreis des Angstmodells ist im Prinzip unabhängig vom ersten. Natürlich ist auch die bewusste Beurteilung der potentiell gefährlichen Situation eine Funktion der Umwelt, zu der insbesondere die Gesellschaft gehört, die die geltenden Normen und das Vorder- und Hintergrundwissen bereitstellt, mit dem die konkrete Situation beurteilt wird. Der ideale Beurteiler einer Gefahrensituation ist sein eigener Chief Risk Officer. Der CRO einer Bank muss über ein finanzmathematisches Instrumentarium verfügen, das dem neuesten Stand der Theorie entspricht. Das Untersuchungswerkzeug legt jedoch niemals genau die Art seiner Anwendung fest. Der CRO muss sein Werkzeug *mit Gefühl* anwenden, das bedeutet vor allem, sich auf die Aspekte der Situation zu konzentrieren, die am gefährlichsten sind, und den Ergebnissen seiner formalen Analyse dort zu misstrauen, wo sie möglicherweise in die Irre führt.

Weder der Kognitionsanteil am Gefühl noch der Gefühlsanteil an der Kognition sind jemals null. Es gibt praktisch kein Gefühl, das ohne Kognition etabliert werden kann, und es gibt keine Kognition, die ohne Gefühl wirklich funktionieren würde. Die Struktur des morphologischen Raums der Literatur wird von den gleichberechtigten Faktoren Gefühl und Kognition bestimmt.

6. Wissenschaft und Literatur

Ein Einzelner, der keinerlei Verbindung zu einem anderen Einzelnen unterhält, existiert lediglich als biologischer Organismus. Als Mensch existiert ein Einzelner nur dann, wenn er dazu in der Lage ist, zu einem anderen Einzelnen auch ohne körperliche Berührung Verbindung aufzunehmen und sie zu halten oder sie wieder abzubrechen, und wenn er von dieser Fähigkeit Gebrauch gemacht hat oder macht.

Die Gesellschaft und die Einzelnen bedingen einander. Was der Einzelne ist, was die Gesellschaft ist, wird durch die Beziehungen festgelegt, die zwischen beiden statthaben. Eine wichtige Nebenbedingung für mögliche Ontologien sei ausdrücklich angeführt: Die Gesellschaft muss keineswegs notwendigerweise aus Einzelnen bestehen. Die im deutschen Sprachraum in jüngster Zeit wirkmächtigste soziologische Theorie fasst Gesellschaft als Summe von Kommunikationen auf. Insbesondere ist die Gesellschaft kein übergeordneter Organismus, der aus untergeordneten Organismen physisch zusammengesetzt ist.

Wie der Körper des Einzelnen ist die Gesellschaft niemals abgeschaltet. Analog zum Fall des Körpers erfasst die Gesellschaft ihren jeweiligen Zustand und leitet, von diesem Ergebnis ausgehend, Veränderungen in die Wege. Das soll in keiner Weise heißen, dass alle Veränderungen geplant sein müssen.

In der Gesellschaft gibt es Sender, Empfänger und Signalflüsse. Auch in dem, was den Einzelnen ausmacht, findet Signalverkehr statt, zwischen Molekülen, Zellen, Hirnarealen und anderen Körperorganen einerseits sowie im Bewusstsein andererseits. Der physische Signalverkehr erfolgt mittels chemischer Prozesse, der geistige im Rahmen kognitiver Operationen. Bis jetzt sind alle Versuche gescheitert, geistige Phänomene auf nicht-geistige Entitäten zu reduzieren. So etwa der Naturalismus, der nur die physische Natur anerkennt. Der Geist ergibt sich aus dem Körper. Aber es existiert keine eindeutige Zuordnung zwischen nicht-geistigen und geistigen Begriffen. Keine Kombination von nicht-geistigen Begriffen kann einen geistigen Begriff ersetzen.

Die Informations- und Regelungssysteme des Körpers und der Gesellschaft sind sehr verschieden. Deshalb ist es nicht produktiv, die Informations- und Regelkreise des Körpers und der Gesellschaft über die prinzipielle Analogie hinaus um jeden Preis gleichzusetzen. Es mag sinnvoll sein, die Gesellschaft als die Summe der in ihr zirkulierenden Botschaften aufzufassen. Aber es ist schlicht abwegig, den Einzelnen auf dieselbe Weise zu konstruieren. Der Einzelne in der Gesellschaft ist nicht einfach die Summe seiner Gedanken.

Um sich fortzusetzen, muss sich die Gesellschaft beobachten und wiedererkennen. Dies geschieht durch explizite und implizite kognitive Aktivitäten. Die wichtigsten expliziten kognitiven Aktivitäten sind Wissenschaft und Kunst. Explizite kognitive Prozesse sind solche, die mit einer Darstellung ihrer selbst verbunden sind. Aber in der Gesellschaft vollziehen sich in den Praktiken ihrer Akteure auch implizite kognitive Prozesse, mit denen nicht automatisch eine Beschreibung ihrer selbst einhergeht. Ein prominentes Beispiel für das Resultat eines solchen Prozesses wäre etwa das, was als Meinung des Marktes bezeichnet wird. Nahezu alle expliziten kognitiven Aktivitäten sind in implizite eingebettet.

Mit der Benutzung formaler Sprachen und der grundsätzlichen technologischen Anwendbarkeit bilden die Naturwissenschaften den Gegenpol zur Literatur. Es ist aufschlussreich, die Literatur an dem zu spiegeln, was sie gerade nicht ist. Die Geisteswissenschaften seien hier einmal beiseitegelassen, weil ihnen häufig etwas wie ein literarischer Charakter eignet.

Das Auftauchen einer bestimmten wissenschaftlichen Hypothese ist immer ungleich wahrscheinlicher als das In-die-Welt-Kommen einer bestimmten Erzählung, eines Romans oder eines Gedichts. Literarische Darstellungen weisen eine um Größenordnungen geringere

Entstehungswahrscheinlichkeit auf als wissenschaftliche. Wobei sich natürlich die Frage stellt: Wer soll das
quantifizieren, und auf welche Weise?

Wissenschaft im Sinn der Naturwissenschaften ist keine Suche nach Wahrheit oder nach *der* Wahrheit. Wissenschaft ist Problemlösung. Der Lackmustest für ein
wissenschaftliches Resultat, für eine Hypothese oder
ein Experiment, besteht darin, ob das Resultat eine
Antwort auf eine interessante Frage darstellt, ob es ein
wichtiges empirisches oder begriffliches Problem löst.
In welchem Ausmaß eine Theorie bestätigt ist, das bildet lediglich einen nachrangigen Gesichtspunkt.

Die Mitglieder einer Forschungsgemeinschaft sind sich
über ausgewählte Eigenschaften der Welt einig. In der
Vergangenheit war der Anfangspunkt die Möblierung
der Welt: Die Welt besteht aus gewissen fundamentalen Entitäten, die gemäß bestimmter Prinzipien wech-
selwirken. Die Vorherrschaft substantieller Ontologien
ist jedoch Geschichte. Ebenso gut können Klassen von
Wechselwirkungen die Rolle des Fundaments für die
Gemeinschaft spielen, etwa beschrieben durch Sym-
metrieprinzipien, die nicht verletzt werden dürfen.
Die Mitglieder der Forschungsgemeinschaft stimmen
weiter darin überein, was als ein Problem anzusehen
ist und was nicht, wie die möglichen Lösungen für das
Problem aussehen müssen und welche Wege im Prinzip begangen werden können, um zu einer Lösung zu
gelangen. Kein Element dieses Zusammenhangs ist sa-

krosankt. Im Lauf der Zeit kann sich die Ontologie genauso verändern wie die zulässigen Klassen von Wechselwirkungen, und das Problembewusstsein verschiebt sich möglicherweise eklatant. Ist es noch dieselbe Forschungsgemeinschaft oder schon eine andere? Neue technologische Möglichkeiten führen unweigerlich zu neuen Forschungsgemeinschaften, die dann wieder Forschungstraditionen etablieren, siehe IT.

Die Hauptaktivität einer Forschungsgemeinschaft besteht darin, im weitesten Sinn empirische Probleme auf die Ontologie der Forschergruppe beziehungsweise auf die von ihr zugelassenen Wechselwirkungen zu reduzieren. Ein Problem ist gelöst, wenn es die Mitglieder der Forschungsgemeinschaft nicht mehr als Problem ansehen, wenn eine Hypothese oder ein Experiment eine Lösung darstellt. Das wird dann so formuliert: Das Experiment bestätigt die Hypothese, die Welt ist so, wie es die Hypothese sagt. Die Lösung muss nicht exakt sein, häufig besteht sie in einer Annäherung. Was zu einem bestimmten Zeitpunkt als Lösung gilt, muss keinen Bestand haben. Bedingt durch den technologischen Fortschritt, in jüngster Zeit vor allem durch die Entwicklung der IT, ändern sich die Maßstäbe im Zeitablauf. Die exakte Lösung einer Forschergeneration ist der Nachfolgegeneration Inbegriff von Ungenauigkeit. Modellbeispiele für in diesem Sinn gelöste Probleme sind etwa die sich immer weiter verfeinernden Theorien über die Planetenbewegung in unserem Sonnensystem.

Eine Hypothese erklärt etwas oder sagt etwas voraus. Eine spezifische Hypothese kann durch ein Experiment getestet werden. Die fundamentalen Annahmen der Forschungsgemeinschaft sind nicht testbar. Sie erklären gar nichts bis sehr wenig, weil sie keine dezidierten Aussagen über die Welt machen. Demgemäß können die fundamentalen Annahmen allein auch nicht zu Prognosen führen.

Eine Forschungsgemeinschaft ist immer auch mit begrifflichen Problemen befasst. Begriffliche Probleme scheinen in zwei Hauptvarianten auf: Die grundlegenden Begriffe einer Hypothese sind vage, oder die Hypothese hat ein internes Problem, sie weist Widersprüche auf. Eine Hypothese hat ein externes Problem, wenn sie mit einer anderen Hypothese über denselben Gegenstandsbereich in Konflikt gerät. Das ist dann ein empirisches Problem. Begriffliche Probleme sind genauso häufig und genauso wichtig wie empirische Probleme.

Forschungsgemeinschaften sind dazu da, um Hypothesen zu generieren, die ihre Vorläufer berichtigen und verbessern. Deswegen gibt es in jeder Forschungsgemeinschaft einen Pool von vorgeschlagenen, häufig miteinander unvereinbaren Hypothesen. Die Bewertung einer vorgeschlagenen Hypothese ist eine komparative Angelegenheit. Es macht keinen Sinn, eine Hypothese isoliert gemäß bestimmter Maßstäbe zu betrachten. Die entscheidende Frage ist: Wie schneidet diese Hypothese im Vergleich zu jener ab?

Eine Forschungsgemeinschaft ist dann erfolgreich, will sagen, sie zerfällt nicht, sondern besteht weiter, wenn sie möglichst viele empirische und begriffliche Probleme löst. Die kleinste Einheit des naturwissenschaftlichen Fortschritts ist das gelöste empirische oder begriffliche Problem. Die Mitglieder der Forschungsgemeinschaft erfreuen sich in der engeren wissenschaftlichen wie in der weiteren publizistischen Öffentlichkeit an ihrer Reputation, die Gemeinschaft wird von der öffentlichen Hand finanziell gefördert, sie hat Zulauf, wenn die Probleme, die sie löst, als für das Bestehen der Gesellschaft in irgendeiner Form bedeutsam angesehen werden. Rational in der Sicht der Naturwissenschaften ist alles, was die Lösung empirischer und begrifflicher Probleme fördert.

Wissenschaftliche Darstellungen bergen die Möglichkeit, einander zu widerlegen. Häufig besteht der vom Urheber einer wissenschaftlichen Darstellung verfolgte Zweck genau darin. Ist nach der Meinung einer Forschungsgemeinschaft eine Darstellung widerlegt, wird sie verworfen. Romane sind niemals imstande, einander zu widerlegen. Ein Roman mag etwa mehr oder weniger detailgenau, stilistisch mehr oder weniger elaboriert sein. Ein Roman kann als Argument gegen einen anderen Roman dienen, insofern er nach der Meinung des Lesers in Bezug auf bestimmte Kategorien vorziehenswerte Eigenschaften besitzt. Niemals wird jedoch ein Roman zugunsten eines anderen Romans verworfen. Ein Roman kann einen anderen nicht auslöschen. Es ist allerdings zu anzumerken, dass mit dem erreichten technologischen Standard tendenziell immer weniger ausgelöscht wird. An die Stelle der Auslöschung – hier ist ein Romantitel nicht zu umgehen – ist die moderne IT getreten. Wissenschaftsgeschichte und Literaturgeschichte weisen dabei sehr unterschiedliche Wirkmächtigkeiten auf: Es gehört zur Literatur dazu, dass sich die Gegenwärtigen, ebenfalls wieder tendenziell, an der gesamten Literaturgeschichte orientieren. Während die Wissenschaftler als Wissenschaftler, wenn überhaupt, grundsätzlich nur den jüngsten Abschnitt der Geschichte ihrer Wissenschaft präsent haben.

Der Unterschied zwischen einer wissenschaftlichen Darstellung und dem Roman besteht nicht darin, dass die Wissenschaft nach ›Wahrheit‹ strebt, während der Roman lediglich eine ›künstlerische‹ Wahrheit vermitteln will. Ganz gleich, wie man Wahrheit oder künstlerische Wahrheit fasst, weder der Roman noch die Naturwissenschaften streben nach Wahrheit. Wer Rationalität mit Streben nach Wahrheit gleichsetzt, muss den Roman und die Naturwissenschaften als gleichermaßen irrationale Unternehmungen betrachten. Literatur und Wissenschaft unterscheiden sich auch nicht dadurch, dass in der Literatur etwa keine Experimente möglich wären. Jeder Roman ist ein kontrolliertes und um den Preis der Langeweile auch wiederholbares Experiment. Manchmal machen Romane sogar Vorhersagen, in den entsprechenden literaturgeschichtlichen Darstellungen fehlt dann nie das Adjektiv prophetisch. Was weist, dass das Vorhersagen keine Standard-, aber durchaus eine Zusatzleistung des Romans darstellen kann.

Aus der Perspektive der Wissenschaft liegt der zentrale Unterschied zwischen literarischen und wissenschaftlichen Darstellungen darin, dass Literatur nichts liefert, was zum Konstruktionsprinzip oder zum Bestandteil von Technologie wird. Ein Roman kann schildern, wie es vielleicht ist, wenn man zum Mond fliegt, aber er hilft in keiner Weise, wenn man tatsächlich zum Mond fliegen will.

Technik strebt an, dass Prozesse nach einer Vorgabe automatisch ablaufen, dass sie sich selbst regeln. Technik bedeutet Ausschluss von Handlungsmöglichkeiten. Der Prozess muss lediglich gestartet werden, keiner braucht in den Prozess einzugreifen, um ihn weiterzuführen oder seine Richtung zu beeinflussen, der Prozess erreicht von selbst sein Ziel. Technik bedeutet Verknappung und nach Möglichkeit Ausschluss von Sinn. Ein technischer Prozess funktioniert ohne Rückgriff auf Handelnde, für die allein etwas Sinn macht oder nicht. Für die Technik gibt es nur ein einziges mögliches Problem: Sie funktioniert nicht. Technologie besteht darin, Sinn zu annihilieren, Literatur darin, Sinn zu erzeugen. Naturwissenschaftliche Darstellungen etablieren früher oder später, gewollt oder ungewollt, Technologie. Literarische Darstellungen dienen bestenfalls als Steinbrüche für Sprachkurse oder linguistische Untersuchungen.

Hervorbringungen der Wissenschaft eröffnen wissenschaftsinterne und technologische Handlungsmöglichkeiten. Das wissenschaftliche Resultat kann als Konstruktionsanweisung Teil eines Mittel-Zweck-Zusammenhangs werden, der zunächst einmal gar nichts mit der in Frage stehenden Wissenschaftsdisziplin zu tun hat. Aber die technologische Handlungsmöglichkeit führt grundsätzlich nicht aus der Gesamtheit der Wissenschaften hinaus. Romane, Erzählungen und Gedichte erschließen literaturinterne und literaturexterne Handlungsmöglichkeiten. Aus der Perspektive der Literatur besteht der zentrale Unterschied zwischen Literatur und Wissenschaft in der Konzentration und der Reichweite der transportierten Handlungsmöglichkeiten. Die von wissenschaftlichen Darstellungen beförderten wissenschaftsexternen, nicht-technologischen Handlungsmöglichkeiten sind prinzipiell begrenzt, während sich die von literarischen Darstellungen transportierten literaturexternen Handlungsmöglichkeiten als nahezu unbegrenzt darbieten.

In diesem Zusammenhang spielen Gefühle eine entscheidende Rolle. Gefühle helfen dem Einzelnen zu bestehen. Die Gefühle des Einzelnen sind auch dafür verantwortlich, dass sich Gesellschaft bildet, und sie sind in hohem Maß beteiligt, wenn sie sich entfaltet. Gesellschaft kommt nicht durch kognitive Prozesse ins Leben, und sie setzt sich nicht ausschließlich durch kognitive Prozesse fort. Würde der Einzelne immer vorher genau abwägen, berechnen, welche Vor- und Nachteile ihm Gesellschaft bringt, Gesellschaft käme nie zustande. In diesem Sinn gibt es doch falsche Gefühle: Das sind dann solche, die unmittelbar oder mittelbar die Wirkung haben, dass der Einzelne oder die Gesellschaft nicht besteht.

Gefühle können in wissenschaftlichen Darstellungen als Untersuchungsgegenstände vorkommen. Aber Wissenschaft drückt niemals Gefühle aus. Wissenschaftliche Darstellungen haben nicht das Ziel, beim Leser Gefühle hervorzurufen. In der Literatur sind Gefühle nicht nur Objekte, sondern gewissermaßen Subjekte: Sie organisieren das Gedicht, den Roman nicht nur auf der inhaltlichen, sondern auch auf der formalen Ebene. Literatur drückt Gefühle aus: Indem der Roman, das Gedicht sie beschreibt, umschreibt oder gezielt nicht beschreibt. Literatur hat das erklärte Ziel, beim Leser Gefühle hervorzurufen. Der Roman zeichnet bestimmte Gefühle aus, manchen schreibt er nahezu Fetischcharakter zu.

Das Alleinstellungsmerkmal des Romans besteht darin, Gefühle in einen größeren Handlungszusammenhang einzupassen. Oder einen größeren Handlungszusammenhang in Gefühle einzupassen. Im Roman werden Grenzen markiert und reflektiert: Was ist überhaupt ein Gefühl? Was ist überhaupt eine Handlung? Der Roman erfasst Lebenssituationen, in denen Einzelne Entscheidungen treffen oder zum Objekt von Entscheidungen werden, die sowohl kognitiven als auch Gefühlscharakter haben. Dabei bevorzugt er solche Szenarien, in denen Gefühl und Kognition auf möglichst intrikate Weise miteinander verwoben sind.

Kann ein Roman Probleme lösen? Manchmal vermag er das, etwa als Lernmodell für den Leser. Der Leser erschließt sich für seine Lebenssituation per Analogie Bewertungen und Handlungsalternativen, die er vorher nicht in Betracht gezogen hätte. Der Leser, die Leserin macht etwas nach, was im Roman vorgemacht wird, früher vor allem voreheliche Intimitäten und Ehebruch. Zwar kommen diese Aktivitäten aus dem Leben und nicht aus dem Roman. Aber mancher und manche trauten sich erst, nachdem sie im Roman darüber gelesen hatten. Diese Aktivitäten lösten allerdings nicht unbedingt Probleme, eher schufen sie welche. Jedenfalls kam es gar nicht so selten vor, dass bürgerliche Eltern ihren Töchtern und Ehemänner ihren jungen Ehefrauen die Lektüre von Romanen verboten. Generell kann man aus Romanen weniger »How to …« und mehr »How not to …« lernen. Man muss sich ja aus Liebeskummer nicht gleich umbringen, wie es in einem deutschen Bestseller des späten achtzehnten Jahrhunderts geschieht.

Das Verfassen von Romanen kann auch als Selbsttherapie fungieren. Autoren, die sich tatsächlich umgebracht hätten, wenn sich ihnen nicht die Möglichkeit des Schreibens aufgetan hätte, sind selten. Autoren, für die das Schreiben eine Therapie bedeutet, die sie in den Augen ihrer Umwelt besser an diese anpasst, aus ihnen Menschen mit mehr vorziehenswerten Eigenschaften macht, sind noch seltener. Nicht wenigen Autoren konnte das Schreiben allerdings überhaupt nicht helfen, sie haben trotzdem die Welt verlassen.

Eine Forschungsgemeinschaft, die nicht eine Minimalanzahl von sauber abgegrenzten Problemen löst, wird keinen Bestand haben. Der Erfolg von Forschungsgemeinschaften und der Naturwissenschaften überhaupt bemisst sich nach der Anzahl der Lösungen abgrenzbarer Probleme. In der Literatur ist die Lösung eines abgegrenzten Problems die Ausnahme, auf die es nicht ankommt. Aber die Literatur wäre nicht so erfolgreich, wenn sie nicht ebenfalls Probleme angehen würde. Allerdings sind die Probleme, für die Literatur eine mögliche Lösung darstellen kann, das Gegenteil von gut abgrenzbar.

7. Ontologie im Roman

Die Wissenschaften beobachten. Der Roman beobachtet ebenfalls. Der Roman kann auch versichern, er versuche zu beobachten, und zugleich gedrückt eingestehen oder die Einsicht stolz präsentieren, es gelinge ihm nicht, zu beobachten. Die Wissenschaft darf sich nur dann so verhalten, wenn sie schlüssig begründen kann, warum es ihr nicht gelingt zu beobachten.

Welche sind die fundamentalen Entitäten, die beschrieben werden? Die Frage der Ontologie ist für den Roman weit weniger wichtig als für die Wissenschaft. Der Grund liegt auf der Hand: Die Identität eines Romans ist ungleich stärker an sprachliche Artefakte gebunden als die Identität einer wissenschaftlichen Theorie. Ein Roman lässt sich nicht zu einer bestimmten Aussage zusammenfassen. Die einzelnen Bestandteile des kombinierten sprachlichen Artefakts Roman werden tendenziell mehr konnotativ als denotativ gebraucht. Ein Roman enthält häufig auch seine Selbstbeschreibung. Deswegen lässt sich ein Roman niemals abkürzen – auch wenn man ihn natürlich verstümmeln kann.

Für wissenschaftliche Theorien gibt es alternative Formulierungen, Äquivalenzklassen von sprachlichen Artefakten. Die im Hinblick auf bestimmte Aufgaben, etwa Erklärung und Vorhersage, gleich leistungsfähig sind. Formale Theorien können axiomatisch dargestellt werden. Eine Darstellung ist eleganter, meist auch besser handhabbar als eine andere, wenn sie mit weniger Axiomen auskommt. Beim Vergleich von Theorien muss vorgängig die Frage von Sein und Nichtsein behandelt werden. Welche sind die fundamentalen Entitäten, auf die sich die Theorie bezieht? Ehe das nicht hinreichend geklärt ist, kann nicht einmal entschieden werden, ob zwei Darstellungen zwei verschiedene Theorien oder ein und dieselbe Theorie bedeuten. Für den Roman gibt es keine analoge Problemstellung. Ob Einigkeit oder Uneinigkeit darüber besteht, welche fundamentalen Entitäten beschrieben werden, Romane kann man nicht verwechseln.

Im Roman kann fast alles fundamental sein. Besser, für den Roman kann fast alles als inhaltlich fundamental betrachtet werden, was menschlich oder vom Menschen affiziert ist: Gefühle, nicht nur Liebe und Hass, Stimmungen, Vorstellungen, auch abstrakter Natur, die räumliche Umgebung, nicht nur als Heimat-, Abenteuer- oder Verschollenen-Roman, die zeitliche Umgebung, der erklärt historische oder unerklärt mikrohistorische Roman, vorhandene oder nicht vorhandene Dinge und Ideen, heldenhafte wie unscheinbare Handlungen oder Handlungen, die keine sind, die Abwesenheit jeder

Handlung überhaupt, kompletter zeitlicher Stillstand, völlige räumliche Immobilität, Präferenzen, Absichten, Interessen, Idiosynkrasien. Es gibt keinen Grund, warum sich Autoren und Leser darüber einig sein müssten, welche die fundamentalen Entitäten des Romans sind.

Sowohl die Wissenschaften als auch der Roman beobachten Beobachtungen, und es werden Beobachtungen von Beobachtungen beobachtet. In den Naturwissenschaften ist der häufigste Fall von Beobachtung erster Ordnung die Durchführung und Auswertung von Experimenten. Beobachtung ist immer theoriebeladen. Meist ist es eine Theorie, die bestimmte Beobachtungen erst veranlasst. Die Theorie, welche die Beobachtung initiiert, muss nicht dieselbe Theorie sein wie diejenige, gemäß der die Beobachtung evaluiert wird. Werden verschiedene Theorien in Bezug auf verschiedene Experimente miteinander verglichen, liegt Beobachtung zweiter Ordnung vor. Berichtet im Roman der Erzähler, was geschah, handelt es sich um Beobachtung erster Ordnung. Denkt der Erzähler im Roman darüber nach, wie er das Geschehene beschrieben hat oder beschreiben soll, geht es um Beobachtung zweiter Ordnung.

Um das Beobachten des Beobachtens ranken sich häufig Missverständnisse. Soziologen bezeichnen gern die Operation der Beobachtung n-ter Ordnung als rekursiv. Man spricht von der rekursiven Berechnung der Funktion $f(n)$ für eine natürliche Zahl n, wenn die Berechnung von $f(n)$ auf bereits berechnete Werte von

$f(n-1)$, $f(n-2)$ … zurückgreift. Die Nicht-Mathematiker haben meist den Spezialfall der *primitiven Rekursion* vor Augen, der Wert von $f(n)$ ergibt sich allein aus dem Wert von $f(n-1)$. Das Beobachten n-ter Ordnung ist keineswegs automatisch rekursiv. Rekursion liegt nur dann vor, wenn die Beobachtung auf jeder Ebene selbstähnlich ist. Genau das ist aber in Wissenschaft und Literatur eher selten der Fall. Die ›Beobachtungsformel‹ bleibt nicht gleich: Ein Wissenschaftler beobachtet seine Ergebnisse in der Regel auf andere Weise als seinen Gegenstandsbereich. Der Erzähler des Romans betrachtet sich selbst als Erzähler möglicherweise mit anderen Augen als die Menschen, Dinge und Ideen, von denen er sonst erzählt. Sowohl in Wissenschaft wie in Literatur ändert sich tendenziell mit der Beobachtungsebene die Art der Beobachtung. Damit entfällt die Voraussetzung, dass eine Beobachtungshierarchie etwa Eigenwerte erzeugt, die völlig unabhängig von dem sind, was beobachtet wird.

Es führt auch nicht weiter, die Unterschiede zwischen den Beobachtungsebenen ontologisch zu dramatisieren. Etwa in dem Sinn, dass der Beobachter erster Ordnung Dinge und Ereignisse wahrnehme, während der Beobachter zweiter Ordnung lediglich Unterscheidungen treffe. Gemäß dieser Denkweise ist die durch die Beobachtung erster Ordnung erschlossene Welt eine Universitas rerum, zusammengestellt vor allem aus konkreten, sinnlich wahrnehmbaren Entitäten, denen geeignete und gängige sprachliche Artefakte entsprechen. Die

Welt des Beobachters zweiter Ordnung besteht dagegen aus abstrakten Unterscheidungen, die selbst nicht sinnlich wahrnehmbar sind und denen arbiträre sprachliche Artefakte zugeordnet werden. Die konkreten, sinnlich wahrnehmbaren Entitäten *sind* Unterscheidungen, und zwar solche, die die Evolution der Spezies Mensch getroffen hat. Auf jedem Abstraktionsniveau können sich Zug- oder Druckkräfte ergeben, die sinnlich eingängige Begriffe und entsprechende sprachliche Artefakte erzeugen und formen. Wie könnte man sonst Computer bedienen, ohne Informatik studiert zu haben.

In diesem Zusammenhang sei darauf hingewiesen, dass das kritische Potential einer Beobachtung nicht von der Ebene abhängt, auf der sie sich abspielt. Insbesondere gibt es keine Anhaltspunkte dafür, dass eine Beobachtung n+1-ter Ordnung tendenziell affirmativer sein muss als eine solche n-ter Ordnung. Wieso sollte jemand eine bestimmte Unterscheidung nur deshalb hinnehmen, weil es so viele andere Unterscheidungen gibt? Oder deshalb, weil sie die Folge von so vielen anderen Unterscheidungen darstellt? Der Übergang von einer Was-Perspektive zu einer Wie-Perspektive ist eine Frage der Beobachtungsmethodik, nicht der Beobachtungsebene.

Beobachtung n-ter Ordnung in der Form der Selbstbeobachtung führt im Übrigen keineswegs automatisch zur Paradoxie. Das entsprechende Air ist vor allem eine Folge unpräzisen Sprachgebrauchs. Wenn etwa formuliert wird, ein kognitives System beobachte sich selbst von außen, was ja nicht möglich sei, denn ein kognitives System beobachte per definitionem von innen. Das vermeintliche Paradox lässt sich leicht auflösen, indem die Operationen zeitlich geordnet werden. In einem ersten Schritt verhält sich das System derart, dass das Verhalten Folgen hat. In einem zweiten Schritt verhält sich das System in einer Weise, die Beobachtung genannt wird. Gegenstand dieser Beobachtung sind die Folgen des Verhaltens, das den ersten Schritt bildete. Anders geht es gar nicht.

Die Methodenvielfalt der Beobachtung im Roman ist ungleich größer als diejenige in den Natur-, aber auch als in den Geisteswissenschaften. Ein Roman muss nicht die Vorgaben einer Forschungsgemeinschaft einhalten. Es gibt weder Grenzen für die Dinge oder Ideen, die beobachtet werden, noch spricht irgendetwas dafür, die Anzahl der Beobachtungsebenen einzuschränken. Natürlich sollte die Aufnahmefähigkeit des Lesers berücksichtigt werden. Nicht einmal der völlige Selbstbezug ist schädlich. Der Roman, der überhaupt nur darin besteht vorzuführen, warum er nicht geschrieben werden kann, ist selbstverständlich immer noch einer.

Der Mensch ist auch die Weigerung, die Welt so hinzunehmen, wie sie ist. Früher hatte der Mensch noch einen Grund zur Eifersucht und zum Groll: Gott hatte die Welt geschaffen und nicht der Mensch. Erst imitierte der Mensch Gott, dann rebellierte er gegen ihn und sich selbst, gegen den Demiurgen, als den er sich sah.

Jetzt scheint es egal, wer die Welt geschaffen hat, ob es überhaupt jemanden oder etwas gibt, der oder das sie ins Dasein gebracht hat. Die übriggebliebene Frage ist: Hat es die Welt schon immer gegeben?

Die weit dringlichere Frage lautet: Wie lebt es sich in einer Welt, deren Ursprung unbekannt ist? Der Mensch ist kein Nachfolger und kein Gegenschöpfer mehr. Mit Hilfe der Wissenschaften produziert der Mensch Technologie. Technologie lässt ganz andere Gesellschaften möglich werden. Und wohl auch, in Zukunft, ganz andere Einzelne. Der Mensch ist Schöpfer und sein eigener Nachfolger.

Die flirrenden Ontologien der Literatur mit ihren manchmal schwindelerzeugenden Beobachtungsebenen sind hier Nachdenken des Menschen über seine Zukunft wie Ausdruck seiner Ungeduld. Jede zusätzliche Beobachtungsebene ist auch eine Abkürzung gegenüber dem Verfahren Wissenschaft plus Technologie. Diese Form der Abkürzung kann man in der ›richtigen Welt‹ nicht nehmen. Aber vielleicht – oder ziemlich sicher – helfen diese Abkürzungen mit, dass es in der ›richtigen Welt‹ schneller geht.

8. Ontologie des Romans: Täuschungen

Der Versuch, genau zu definieren, was ein Roman ist, führt regelmäßig zu Mystifikationen. Eine kleine Auswahl sei hier angeboten.

- Organische Täuschung: Die Versuchung liegt nahe, den Roman als eine Art lebenden Organismus zu betrachten. Aber weder Biologie noch Biochemie bieten einen auch nur halbwegs plausiblen Begriff für eine lebende Einheit an. Der Begriff der organischen Einheit ist leer. Die lebenden Organismen gedeihen auch ohne ihren Begriff, die Biowissenschaften tun es ihnen nach. Der Roman ist kein Organismus.
- Beobachtungstäuschung: Der Mensch ist, nicht zuletzt, ein Bündel von Beobachtungsgewohnheiten. Multiple und selbstbezügliche Beobachtung wird auch in Psychologie und Philosophie und in nichtsprachlicher Form in der bildenden Kunst betrieben. Die herausragende Rolle der Beobachtung auf verschiedenen Ebenen taugt gleichfalls nicht als Kriterium für das Vorliegen eines Romans.
- Formtäuschung: Es gibt keine äußere Form, die ein-

gehalten werden müsste, damit man von einem Roman sprechen kann. Ein Roman kann gegebenenfalls auch aus Sprecher- und Bühnenanweisungen bestehen, er kann sich als Drehbuch oder in Versform präsentieren, warum sollte man ausschließen, einen Roman in einer Programmiersprache zu schreiben.

– Inhaltstäuschung: Es gibt keine Inhalte, die unbedingt behandelt werden müssten, damit man von einem Roman sprechen kann.

– Komponententäuschung: Es gibt keine ausgezeichneten Bestandteile, die gewissermaßen die Atome des Romans wären.

– Tiefentäuschung: Da ist keine formale oder inhaltliche Tiefenstruktur, die sich unter der sprachlichen oder der Handlungsoberfläche aller Romane verbergen würde und die in einer Grundversion allen Romanen gemeinsam wäre.

– Konventionstäuschung: Romane sind aber auch nicht einfach das, was die jeweils Gegenwärtigen dafür halten.

– Religiöse Täuschung: Es gibt keine Welt, die der Roman heraufbeschwören würde und die dann tatsächlich anwesend wäre.

– Metaphysische Täuschung: Es gibt keine Bedeutung, die der Roman schafft, die nicht zu potentiellen und aktuellen Handlungen des Verfassers und des Lesers führen würde.

Definitionen errichten Mauern. Die dann bei jeder sich bietenden Gelegenheit doch wieder überstiegen werden. Der Gedanke, dass der Roman eine eindeutig bestimmte Entität ist, führt nicht weiter. In keiner Version.

Ein Roman ist immer in einen Zusammenhang eingebettet. Dieser Zusammenhang umfasst denjenigen Teil der Umwelt, der ihn produziert hat, und denjenigen Teil der Umwelt, auf den er einwirkt. In gewisser Hinsicht gehört dieser Zusammenhang zum Roman dazu.

Romane sind radikal zeitlich. Der Roman zu zwei verschiedenen Zeitpunkten kann nicht derselbe sein. Dem Philologen ist die Zeitlichkeit des Romans nicht nur Neben-, sondern Existenzbedingung seiner Profession, der neue Editionsstand eines Werkes bedeutet ein anderes Werk. Aber auch diejenigen Teile der Umwelt, die den Roman produzieren, unterliegen Veränderungen. Denn sie sind ausschließlich in der Gegenwartsversion der Vergangenheit gegeben, die sich kontinuierlich oder abrupt gemäß den Interessen der gegenwärtigen Einzelnen und der gegenwärtigen Gesellschaft abgleicht.

9. Die elementare Funktion des Romans

Die laxe Ontologie im Roman und die volatile Ontologie des Romans sind natürlich Methode. Auch das Spiel mit den Beobachtungsebenen hat nicht nur den Effekt, überschüssige emotionale Energien kognitiv abzufackeln. Die in der Literatur so weitgehend manipulierbare Ontologie und das Surfen auf den Beobachtungsebenen dienen einem übergeordneten Zweck: Mit jedem neuen Roman werden die Beziehungen zwischen Wahrnehmungen und Empfindungen auf der einen Seite und sprachlichen Artefakten auf der anderen neu geordnet.

Wenn nicht nur Lektor und Korrektor, sondern auch eine gewisse Zahl von Käufern den Roman lesen, macht der Roman für einen größeren Kreis Weisen des Wahrnehmens und Empfindens verfügbar, zu denen die Beteiligten sonst keinen Zugang hätten. Diese neu erworbenen Fähigkeiten kann der Leser, das gilt natürlich gleichermaßen für den Autor, auch außerhalb der Literatur anwenden: Die Lektüre versetzt ihn in die Lage, Dinge, Menschen, darunter sich selbst, und Ideen unter einer neuen Perspektive zu betrachten. Vielleicht zieht er Schlüsse, die ihn selbst oder ein Projekt, das größer ist als er selbst, voranbringen. Er kann sich aber auch darauf konzentrieren, wie man früher formuliert hätte, seinen Geschmack zu verfeinern, danach streben, ein ›besserer‹ Leser zu werden.

Im Gegensatz zum alltäglichen, zum fachwissenschaftlichen oder zum Sprachgebrauch in spezifischen sozialen Situationen – von geschäftlichen Verhandlungen bis zum Anbaggern im Club – werden sprachliche Artefakte, die in einen Roman eingehen, damit prinzipiell zweckentfremdet. Auch der nichtliterarische Sprachgebrauch erschöpft sich keineswegs im Denotativen. Man führt keine Preisverhandlungen und man unterhält sich nicht bei lauter Musik, um die Welt darzustellen, so wie man meint, dass sie sei. Aber in diesen Kontexten werden bestimmte Beziehungen zwischen den verwendeten sprachlichen Artefakten und Wahrnehmungen der äußeren Welt sowie Empfindungen, die sich auf das Innenleben der Beteiligten beziehen, vorausgesetzt und unverändert gehalten. Sonst würde einer weder verstehen, worauf sich ein anderer bezieht, noch würde er einen Anhaltspunkt haben, worauf der andere hinauswill. Was für Absichten er verfolgt, zu welchen Handlungen ihn der andere bewegen oder von welchen er ihn abhalten will.

Über Preisverhandlungen werden Protokolle angefertigt, vielleicht zeichnet jemand die Unterhaltung im Club mit einem MP-3-Player auf. Die Ziele des Verfassers und des Lesers eines Romans sind andere als die der an einer Preisverhandlung beteiligten Manager oder der Gäste im Club. Zweckentfremdung meint: Die Funktion des Protokolls oder der MP-3-Aufzeichnung ist eine gänzlich andere, wenn die entsprechenden sprachlichen Artefakte Bestandteile eines Romans bilden. Das soll nicht heißen, dass im Roman ein Wort plötzlich auf etwas ganz anderes verweisen würde als außerhalb. Es geht auch weniger um einzelne Worte, sondern mehr um umfangreichere Kombinationen, etwa Beschreibungen oder Dialoge. Praktisch niemals ist die Neuordnung der Beziehungen zwischen Wahrnehmungen sowie Empfindungen und sprachlichen Artefakten eine explizite. Sie erfolgt vielmehr implizit im engeren und weiteren Kontext des Romans.

Die beiden wichtigsten Mechanismen, die eine Neuordnung der Beziehungen zwischen sprachlichen Artefakten und Wahrnehmungen sowie Empfindungen möglich machen, sind Variation der Lebenssituationen und Unschärfe der Beschreibungen.

Wieso der Romancier eine bestimmte Lebenssituation aussucht und sie zum Gegenstand seines Romans macht, eine andere Lebenssituation aber nur als Skizze in seinem Notizbuch flüchtig niederlegt – diese Frage ist für jeden Einzelfall anders zu beantworten. Analoges gilt für die Leserseite: Warum ein Roman wegen seines Inhalts oder eine inhaltlich bestimmte Gruppe von Romanen die besondere Gunst der Leser findet, muss gleichfalls immer wieder neu geklärt werden. Sonst gäbe es ja Rezepte, nach denen mehr oder weniger beliebige Autoren Bestseller schreiben und Verleger Verkaufserfolge in Serie produzieren können. Solche Rezepte gibt es aber nicht.

An dieser Stelle sei lediglich auf drei elementare Rahmenbedingungen für Lebenssituationen eingegangen, die in der Gegenwart besonders sichtbar werden, weil sie sich so rapide verändern. Jede Veränderung der Rahmenbedingungen für Lebenssituationen bedeutet automatisch eine Veränderung der Rahmenbedingungen für den Roman.

- Die räumliche Komplexität nimmt zu: Die Menschen werden ständig mobiler, sie sind nicht mehr in einzelnen Räumen verwurzelt. Der Einzelne ist Bewohner mehrerer bis vieler Habitats, die in vielfachen Beziehungen zueinander stehen. Man kann heute nicht mehr formulieren, wie der polnische Seefahrer mit dem englischen Kapitänspatent im Zufallsroman, ein Buchhalter sei in seiner Freizeit Tourist. Alle sind, fallweise, Geschäftsreisende und Touristen.
- Die zeitliche Komplexität nimmt zu: Für unterschiedliche Dinge, Menschen und Ideen vergeht die Zeit unterschiedlich. Die Versuche, dieser Differenzierung im Roman Rechnung zu tragen, sind allerdings eher zaghaft zu nennen.
- Die Menge der verfügbaren Darstellungen aller Art nimmt beschleunigt zu. Die Schilderungen dessen,

was man früher exotische Verhältnisse nannte, sind ubiquitär und für jeden zugänglich. Exotische Verhältnisse sind nur noch interessant, wenn sie entweder mit exotischen Gefühlen einhergehen oder wenn sie gänzlich unexotische Gefühle ausdrücken oder beleuchten. Genau deswegen haben etwa die Romane des Kapitäns überlebt. Nicht, dass es keine anderen Romane gegeben hätte, die dieselbe Inselwelt als Schauplatz gehabt hätten.

10. Realismus. Weisen der Unvollständigkeit

Entgegen den üblichen offiziellen Bekundungen streben die Wissenschaften nicht bedingungslos nach Präzision und Vollständigkeit. Vielmehr messen sie jeweils so genau, sie sind begrifflich so genau, und sie beobachten so vollständig oder unvollständig, wie es ihnen angemessen dünkt. Denn Genauigkeit und Vollständigkeit haben ihren Preis. Wer misst, wer sein Wissen systematisiert, damit er mit sauberen Begriffen arbeiten kann, wer extensiv beobachtet, muss Zeit und Energie aufwenden. Seit der Moderne kosten Genauigkeit und Vollständigkeit auch Geld. Der Aufwand muss in einem vernünftigen Verhältnis zum Ergebnis stehen: Je wichtiger das zu lösende Problem, desto mehr Zeit, Energie und Geld kann für die Lösung aufgewendet werden.

Diese Kosten-Nutzen-Betrachtung führt dazu, dass die Wissenschaften an den Rändern prinzipiell ungenau und unvollständig sind. Warum sollte man in Randprobleme investieren. Die unscharfen oder sogar gänzlich konturlosen Ränder der Wissenschaften haben jedoch eine wichtige Funktion: Sie stellen die Garantie dafür dar, dass der Nachschub an Problemen nicht abreißt. Ist in einem wissenschaftlichen Teilgebiet bis zu den genau definierten Grenzen alles präzise gemessen und vollständig erfasst und sind alle verwendeten Begriffe ebenso präzise definiert, dann gibt es für die zuständigen Wissenschaftler nichts mehr zu tun, sie müssen sich einem anderen Feld zuwenden. Unvollständigkeit ist in den Wissenschaften geduldet bis erwünscht.

Welche Rolle spielt Vollständigkeit in der Literatur? Zuerst muss festgehalten werden: Von einer Vollständigkeit oder Unvollständigkeit der Literatur oder eines literarischen Teilgebietes auch nur zu reden ist sinnlos. Es gibt überhaupt keinen Sinn, in dem ein literarisches Teilgebiet vollständig sein könnte. Die Frage stellt sich nur für einzelne Darstellungen. Eine bestimmte Darstellung kann lediglich gemäß gewissen Maßstäben als mehr oder weniger vollständig qualifiziert werden. Solche Maßstäbe liefert in den Naturwissenschaften ein Forschungsprogramm oder eine Theorie. Etwas wie die vollständige physikalische Darstellung eines Sachverhalts kann es nicht geben. Eine Vollständigkeitsanforderung macht nur Sinn, wenn eine bestimmte Theorie zugrunde gelegt wird. Ein thermodynamisches oder ein quantenmechanisches System kann unvollständig oder vollständig beschrieben sein.

Beim Roman kann die Frage der Vollständigkeit sinnvoll nur mit Bezug auf die Schreib- und Lesegewohnheiten zu einem gegebenen historischen Zeitpunkt gestellt werden. Wenn alle vergleichbaren Romane bestimmte Details ausführen, etwa die Körperlichkeit der Protagonisten, dann ist ein Roman, der sich dessen enthält, unvollständig. Vielleicht ist es ein neuartiger Roman, und es wird im Lauf der Zeit mehr Romane wie diesen geben. Sparen alle vergleichbaren Romane bestimmte Details grundsätzlich aus, enthalten sie etwa keine expliziten Sex-Szenen, dann wird niemand sagen, alle Romane seien unvollständig.

Es wäre verfehlt, Vollständigkeit als Relation zwischen sprachlichem Artefakt und dem zu konstruieren, worauf sich das sprachliche Artefakt bezieht. Etwa als umfassende Beschreibung der Protagonisten und der räumlichen und zeitlichen Umstände, unter denen sie handeln, sowie als lückenlose Schilderung eines Plots. Die Möglichkeiten, ein und denselben Plot sprachlich zu erfassen, sind unendlich. Dabei ist der Plot jedes Mal selbst schon Ergebnis einer Auswahl. Auch nur einen kleinen Ausschnitt der Romanhandlung unter allen denkbaren Gesichtspunkten auszubreiten würde die Lebensspanne eines Menschen ausfüllen. Sogar dann, wenn man der Vervielfältigung der Beobachtungsebenen Grenzen setzt. Der Roman *darf* nicht nur Eigenschaften von Dingen und Personen unbeschrieben und Geschehnisse ungeschildert lassen – der Roman *muss* Geschehnisse ungeschildert und Eigenschaften von Dingen und Personen unbeschrieben lassen. Dem allwissenden wie dem Ich-Erzähler bleibt niemals etwas anderes übrig, als unvollständig zu berichten. Die Auswahl der beschriebenen Details, der sinnlich wahrnehmbaren Eigenschaften der Roman-Welt, der Handlungen der Protagonisten, der wiedergegebenen Gedanken der Protagonisten bildet ein ganz wesentliches Element dessen, was üblicherweise als Stil des Romanciers bezeichnet wird.

Der Roman ist notwendig beschreibungsunscharf. Es macht das Können des Romanciers aus, mit der Beschreibungsunschärfe planvoll umzugehen: Der Romancier gibt der Beschreibungsunschärfe die Ausprägung, die seine Ziele am besten fördert. Dazu stehen dem Romancier Stratageme zu Gebot. Der entsprechende Katalog ist zu jedem Zeitpunkt endlich, aber ziemlich umfangreich. Hier soll kein Forschungsprojekt umrissen werden, das die zentralen Operationen auszeichnet und den Umfang und die Struktur des Katalogs skizziert. Beispiele mögen genügen.

Die Charaktere des Romans können, gemäß räumlichen Metaphern, etwa flach, rund oder tief sein. Ein flacher Charakter ist durch wenige, aber einprägsame Eigenschaften gekennzeichnet, die gern in variierender Schilderung wiederholt werden. Ein runder Charakter ist einer, der mittels aller Kategorien der Personenbeschreibung auch tatsächlich beschrieben wird und der in sich keine wesentlichen Widersprüche aufweist. Ein tiefer Charakter ist bis in alle Verästelungen ausgeführt, mit dem erklärten Ziel, dass diese Verästelungen in Widersprüchen enden. Der Protagonist eines Romans wird nicht als flach oder tief beschrieben, er *ist* flach oder tief. Denn es gibt nur die entsprechende Beschreibung, nichts und keine Person darüber hinaus. Die Person darüber hinaus gibt es nur bei einer juristischen, journalistischen oder historischen Darstellung, für ein juristisches Protokoll, für einen Zeitungsartikel, für eine Biographie. Und beim camouflierten oder deklarierten Schlüsselroman.

Eine andere Metaphernfamilie leitet sich vom Visuellen her. Ein Charakter ist transparent, wenn der Leser den Eindruck mitnimmt, alle wichtigen Züge, egal wie stark sie ausgeprägt sind, werden dargestellt. Ein opaker Charakter bleibt für den Leser nur begrenzt zugänglich. Das kann von Seiten des Romanciers unbeabsichtigte Lässigkeit oder Strategie sein. Der Leser ist gezwungen, Hypothesen aufzustellen, die den Charakter ergänzen: eine Menge von möglichen Welten zu konstruieren, die mit der Welt des in Frage stehenden Romans kompatibel sind und die von den ergänzten Charakteren bevölkert werden. Sofern es keine Person darüber hinaus gibt, wird der Charakter nicht als transparent oder opak beschrieben, er *ist* so oder so. Eine besondere Strategie, um den Leser bei der Stange zu halten, besteht darin, bestimmte zentrale Beweggründe eines Charakters einfach nicht auszuführen, so dass der Leser sie sich aus anderen, beschriebenen Beweggründen, aus effektiven Handlungen und den Umständen konstruieren muss.

Wenn es um sinnliche Wahrnehmung geht, wird oft angeführt, Literatur mache aus Beobachtern bessere Beobachter. Das gelte für Leser wie Autoren gleichermaßen. Mit dem Schreibakt sei der Autor gezwungen sich festzulegen, der Leser werde mit einer anderen Perspektive vertraut. Hier ist der Maßstab für den besseren Beobachter festzulegen. Dabei ist tückischerweise *mehr* nicht automatisch *besser*. Wer ständig mehr wahrnimmt, wird trotzdem nie etwas vollständig beobachten. Wer immer genauer wahrnimmt, wird sich möglicherweise in unwichtigen Details verlieren. Der gute Beobachter muss lernen, wichtige Details von unwichtigen zu unterscheiden – häufig lenken das Gedicht und der Roman die Aufmerksamkeit auf Details, die sonst unbemerkt geblieben wären. Aber sind diese Details auch außerhalb des Romans und des Gedichts wichtig?

Es hilft nur begrenzt, aus dem Beobachter einen Bemerker zu machen. Der geschulte Bemerker bemerkt, was der Romancier, der Lyriker, wäre er an seiner Stelle, bemerken würde. Aus dem Leser eines Nouveau Roman muss schon gar kein besserer Beobachter oder Bemerker werden. Die Konzentration auf das sinnliche Detail, die es absichtsvoll aus dem Kontext anderer Details, aus der Gesamtcharakterisierung von Personen wie Schauplätzen und möglicherweise aus dem Zeitfluss der Erzählung heraushebt und isoliert, kann auch ausgesprochen unproduktive Züge aufweisen. Nämlich dann, wenn der Beobachter nicht dazu in der Lage ist, einen übergeordneten Zusammenhang herzustellen, wie das dem

Romancier-Vorbild gelingt. Es bleibt dabei: Literatur führt dazu, unter *anderer* Perspektive zu beobachten.

Was und wie beobachtet ein realistischer Roman? Die Frage wurde über die Jahrhunderte jeweils anders und niemals einmütig beantwortet. Zuallererst ist zu unterscheiden zwischen dem realistischen Roman und der realistischen Weise des Bezugnehmens. Ein realistischer Roman ist immer in einer realistischen Schilderungsweise ausgeführt, aber ein auf realistische Art bezugnehmender Roman muss keineswegs ein realistischer Roman sein. Ein phantastischer Roman, in dem Dinge und Wesen vorkommen, die es nicht gibt, etwa Menschen- und Tiergestalten aus dem Bereich der Fantasy oder Lebensformen einer fernen Vergangenheit oder Zukunft, kann und wird diese auch meistens in realistischer Art schildern. Das bedeutet: Auf das Äußere dieser Dinge und Wesen wird so verwiesen, dass sich ein aufmerksamer Leser eine nicht zu rudimentäre Vorstellung davon machen kann, dass er etwa auch imstande ist, die Dinge und Wesen zu zeichnen. Was das Innenleben solcher Wesen betrifft, ist es nur in dem Ausmaß zugänglich, in dem es in Analogie zum Innenleben von Menschen funktioniert. Realistische Bezugnahme bedeutet nichts anderes, als dass der Leser das Ziel der Bezugnahme für sich konstruieren kann. Der Leser ist dazu in der Lage, ein sprachliches Artefakt in ein anderes, gleichwertiges zu überführen oder das sprachliche Artefakt als Ausgangspunkt für einen nichtsprachlichen Verweis zu nehmen.

Der realistische Roman des neunzehnten Jahrhunderts musste zwei zentrale Kriterien erfüllen. Die im Roman beschriebenen Verhältnisse mussten Verhältnissen aus sprachlichen Darstellungen, die nichtkünstlerischen Zwecken dienten, etwa journalistischen oder historischen, ähnlich sein. Die Frage nach Wirklichkeit und Unwirklichkeit wird woanders entschieden, nicht in der Literatur. Es geht auch nicht um die Wirklichkeit oder Unwirklichkeit von Romanen. Sondern um bestimmte Beziehungen zwischen möglichen Welten. Man muss in diesem Zusammenhang gar keine Entscheidung für wirklich oder unwirklich treffen. Es wäre ein Ähnlichkeitsmaß für mögliche Welten zu definieren. Hauptangriffspunkte für das Ähnlichkeitsmaß sind die Details, welche menschliche Handlungen räumlich, zeitlich sowie gesellschaftlich fixieren. Mit Hilfe der Ähnlichkeitsbetrachtung wäre etwa zu untersuchen, ob sich die Handlung eines Romans in einer möglichen Welt ergeben kann, die vorliegenden journalistischen oder historischen Darstellungen entspricht, und wie wahrscheinlich oder unwahrscheinlich das geschilderte Schicksal in Bezug auf diese Darstellungen ist.

Der realistische Roman des neunzehnten Jahrhunderts musste bestimmte Details unbedingt herausarbeiten. Zum Beispiel konnte es der Romancier auf keinen Fall unterlassen, die Haare und die Haarfarbe, die Augen und die Augenfarbe, die Gesichtsform sowie die Körpergestalt der Hauptakteure zu erwähnen. Dabei kam es nicht wirklich darauf an, welche Augen- und Haarfarbe, welche Gesichtsform die Heldin im Roman hatte und ob es ein Vorbild außerhalb des Romans mit diesen Eigenschaften gab oder nicht. Die Heldin musste etwa schön sein und beziehungsweise oder einen ganz spezifischen Typus repräsentieren. Der Romancier wählte die Details derart aus und präsentierte sie so, dass die Schönheit der Heldin oder ihr Typus deutlich wurde. Unabhängig davon konnten die Details natürlich zusätzliche Aufgaben übernehmen, etwa bestimmte Konstellationen sinnfällig auszudrücken oder ganz allgemein den Erzählfluss zu fördern.

Jeder Romanlinie, wie etwa dem postmodernen oder dem Nouveau Roman, und jedem Genre, wie etwa Fantasy oder Science Fiction, entspricht eine spezifische Menge von Vorschriften, die die Beobachtung regeln. Je stärker die Linien und Genres vom Mainstream abweichen, desto deutlicher springen diese Vorschriften ins Auge.

Der realistische Roman ist in jeder historischen Epoche derjenige Roman, dessen Beobachtungsvorgaben so allgegenwärtig sind, dass den Zeitgenossen gar nicht bewusst ist, wie sehr sie das Erzählen in ihrer Epoche strukturieren. Die drei Hauptvarianten des realistischen Romans könnte man als gewöhnlichen Realismus, als Übertreibungsrealismus und als Gegenrealismus bezeichnen.

Die tatsächliche Welt gibt es nicht. Die tatsächlichen Welten bilden eine Untermenge der möglichen Welten. Zu dieser Untermenge gehören etwa Welten, auf die sich juristische oder Geschäftsprotokolle, journalistische oder historische Darstellungen beziehen. Denkbare tatsächliche Welten sind solche, von denen vorstellbar ist, dass sie sich zur Menge der tatsächlichen Welten hinzufügen lassen, und zwar auf zwei Weisen: entweder ohne die bereits in der Menge enthaltenen Welten anzutasten oder indem ein Teil dieser Welten ersetzt wird. In keinem Fall darf die neu entstandene Menge Welten enthalten, die sich widersprechen. Der erste Fall ist der des gewöhnlichen Realismus, der zweite der des Übertreibungsrealismus.

Die Geschichten, die der gewöhnliche Realismus erzählt, passen nahtlos in die Zeit. Der Autor bemüht sich, den Leser zu überzeugen, seine Geschichte könne sich genau so abgespielt haben. An den tatsächlichen Welten ändert sich nichts, die Welten mit der Geschichte des Autors kommen einfach dazu.

Der Übertreibungsrealismus verzerrt, indem er bestimmte Handlungen und bestimmte Umstände heraushebt, dabei andere kursorisch behandelt bis negiert, und indem er die herausgehobenen Umstände und Handlungen auf eine Weise beschreibt, wie es in Protokollen und wissenschaftlichen Darstellungen nicht vorkommt. Das geschieht häufig mit dem Anspruch, der Leser solle erkennen, was in der Welt, im Leben wirklich wichtig sei. Der Blick des Lesers soll auf etwas gelenkt werden, was er sonst übersehen würde. Die Geschichten, die der Übertreibungsrealismus erzählt, kollidieren mit der Zeit. Die Welt mit der Geschichte des Autors ist nicht kompatibel mit den tatsächlichen Welten, es ist aber möglich, sie kompatibel zu machen, indem bestimmte Welten aus der Menge der tatsächlichen Welten ausgeschlossen werden und die Welt mit der Geschichte des Autors an deren Stelle tritt.

Beim Übertreibungsrealismus ist ein Caveat angebracht. Nicht jeder, der sich als Übertreiber sieht, ist schon einer. Der österreichische Autor, der sich selbst als den »größten Übertreibungskünstler« bezeichnete, war gar keiner, sondern ein gewöhnlicher Realist. Echte Übertreiber sind in der europäischen Literatur selten. Viele klassische Satiren sind gewöhnlich realistische Darstellungen. Auch die Autoren der deutschen Romantik waren eher keine Übertreiber, diejenigen des Nouveau Roman ebenfalls nicht. Unter den lateinamerikanischen Autoren finden sich häufiger Übertreiber, etwa mit dem klassischen Übertreibungsthema der Autorität des Patriarchen.

Die meisten Romanciers halten sich für Realisten – zumindest verkünden sie das. Keiner, mit Ausnahme besonders phantasiearmer Autoren von historischen Romanen, meint jedoch damit, das, was er in seinem Roman beschreibt, habe sich genau so abgespielt. Die Romanciers wollen als ›ungewöhnliche Realisten‹ gelten. Kein Romancier will ein gewöhnlicher Realist im definierten Sinn sein. Nichtsdestotrotz bleibt jedoch zu allen Zeiten die überwiegende Mehrzahl der Romane innerhalb der Grenzen des gewöhnlichen Realismus. Der Hauptanteil der Arbeit, die für die Kartierung der Methoden des Romans zu leisten ist, bezieht sich auf den Bereich des gewöhnlichen Realismus.

Gewöhnlicher wie Übertreibungsrealismus sind häufig mit der Bekundung verbunden, der Leser solle nicht verführt werden, etwas zu glauben, vielmehr sei beabsichtigt, dass der Leser sich etwas möglichst lebendig vorstelle. Der Romancier möchte nicht Sätze produzieren, sondern Leben erzeugen. Unnütz zu sagen, dass der Eindruck von Leben nur entstehen kann, wenn das sprachliche Artefakt, im Gegensatz zum Protokoll oder zur wissenschaftlichen Darstellung, nach Kriterien organisiert ist, die einen wesentlichen Bezug zum Gefühlshaushalt des Lesers haben.

Wer eine lineare Vorstellung von Geschichte hat, für den ist eine denkbare tatsächliche Welt etwa eine solche, in der ein Stratege eine wichtige Schlacht nicht gewonnen, sondern verloren hat. Die Folgen der verlorenen Schlacht sind möglicherweise gravierend, die Welt mit der gewonnenen und diejenige mit der verlorenen Schlacht unterscheiden sich stark voneinander. Dem muss der verwendete Ähnlichkeitsbegriff Rechnung tragen. Ein plausibles Ähnlichkeitsmaß für mögliche Welten wird eine Stufenfunktion sein. Die Maßstäbe der Gesellschaft, darunter an herausragender Stelle die von den Wissenschaften gesetzten, entscheiden über die Menge der denkbaren tatsächlichen Welten, welche die Menge der tatsächlichen Welten enthält. Ein Ähnlichkeitsmaß für mögliche Welten muss die Grenze zwischen denkbaren tatsächlichen Welten und nicht als tatsächliche denkbaren Welten deutlich markieren.

Der wesentliche Unterschied zwischen Übertreibungs- und Gegenrealismus besteht darin, dass Ersterer sich auf denkbare tatsächliche Welten beschränkt, während Zweiter sich in als nicht tatsächliche denkbaren Welten übt. So könnte es sein, gewesen sein oder werden vs. so kann es nicht sein oder gewesen sein und niemals werden. Gegenrealismus bedeutet die Schilderung von Verhältnissen, die es nicht geben kann, wobei die nicht als tatsächliche denkbaren Welten in folgender Beziehung zu den tatsächlichen Welten stehen: Es wird an Gefühle appelliert, ohne dass diese Gefühle jedoch unmittelbar als solche beschrieben würden. Die Welten, die keine tatsächlichen sein können, sind als Ganzes Ausdruck der Gefühlsbewertung der tatsächlichen Welten. Das suggestivste Beispiel kommt nicht aus einem Roman, sondern aus einer Erzählung: Ein Angestellter kann sich nicht in ein Insekt verwandeln, jedenfalls nicht bei der bis heute gegebenen Technologie. Dem Autor dieser Erzählung lag die Absicht fern, den Leser davon zu überzeugen, das sei doch möglich. Näher lag dem Autor, ein Gefühl zu vermitteln, welches ein Angestellter angesichts allseitiger Überforderung empfindet.

Die mögliche, aber nicht als tatsächliche denkbare Welt, in der sich der Angestellte in das Insekt verwandelt, ist Gefühlsausdruck für eine Vielzahl tatsächlicher Welten.

Was unterscheidet den Gegenrealismus vom phantastischen Roman? Der phantastische Roman als Genre-Erzeugnis spielt systematisch mit allen Aspekten seiner Phantasmen. Für den Roman des Gegenrealismus ist nur der Aspekt der Gefühlsverkörperung der Phantasmen wichtig.

11. Wer spricht?

Wer spricht im Roman? – Die Frage steht natürlich für viele Fragen: Wer sagt das? Wer denkt das? Wer beobachtet das? Wer empfindet das? Wer schildert das? Diese Fragen definieren weitere Freiheitsgrade für Beschreibungsunschärfe.

Grundsätzlich sprechen im Roman ein oder mehrere Erzähler. Der Erzähler kann Protagonist, die Erzähler können Protagonisten sein oder nicht. *Den* einfachsten Fall gibt es nicht. Besonders häufig wiederkehrende Grundmuster sind:

– Der allwissende Erzähler, der kein Protagonist ist.
– Der Ich-Erzähler, der Protagonist ist. Er lässt andere Protagonisten in direkter oder indirekter Rede zu Wort kommen oder nicht.
– Die Protagonisten sprechen, mehr oder weniger gleichberechtigt, über sich und über die anderen.

Dabei ist erst einmal vorausgesetzt: Es ist immer klar, wer redet, wer beobachtet, wer empfindet, wer denkt.

Und: Wer schildert und beschreibt, erledigt seinen Job nach bestem Wissen und Gewissen. Beschreibungsunschärfe gibt es trotzdem zuhauf, als Folge der notwendigen, unvermeidlichen Unvollständigkeit des Romans. Noch mehr Beschreibungsunschärfe kann dadurch generiert werden, dass von diesen beiden Voraussetzungen abgerückt wird.

Der allwissende Erzähler muss sich weder als solcher vorstellen noch seine Allwissenheit begründen. Wo steht geschrieben, dass der allwissende Erzähler wirklich in allem Bescheid wissen muss? Vielleicht ist der allwissende Erzähler gar nicht allwissend. Er überschätzt sich, er glaubt, er weiß alles, aber das ist gar nicht der Fall. Der Leser merkt es nicht sofort. Wann kommen ihm Zweifel?

Der Erzähler weiß, dass er nicht alles weiß, aber er gibt es nicht zu, er überspielt sein partielles Unwissen. Auch das geht dem Leser erst später auf. Wenn der Romancier geschickt ist, zweifelt der Leser spät oder gar nicht.

Der Romancier lässt den Erzähler bewusst oder unbewusst lügen. Es ist nicht möglich, aus dem Zusammenhang heraus eindeutig zu folgern, in welchen Punkten man sich auf den Erzähler verlassen kann und in welchen besser nicht.

Der Erzähler fühlt keinen inneren Drang, sein Wissen wiederzugeben oder anzuwenden. Er ist einfach ein unzuverlässiger Charakter. Ein Erzähler ist allerdings nur dann unzuverlässig, wenn es einen Punkt gibt, an dem der Leser nicht umhinkommt, an ihm zu zweifeln. Ist der unzuverlässige Erzähler zu raffiniert, gelingt es ihm, den Leser völlig mit seinem Charme zu umstricken, zweifelt der Leser bis zum Ende nicht an ihm, dann ist der unzuverlässige Erzähler keiner, sondern allwissend.

Natürlich hat auch der Ich-Erzähler die Wahlmöglichkeit, sich unzuverlässig zu verhalten. Was hindert ihn daran, sich als in allen praktischen Belangen allwissend darzustellen und seine Seriosität zu beteuern, um dann massiv gegen das zu verstoßen, was er vollmundig verkündet hat?

Dem Autor des Romans steht frei, mit dem Status des allwissenden Erzählers wie dem des Ich-Erzählers nach Belieben zu spielen. Der allwissende Erzähler kann sich, je weiter die Handlung fortschreitet, als Protagonist entpuppen, was sein unauffällig vorausgesetztes oder vor sich her getragenes Allwissen in einem zweifelhaften Licht erscheinen lassen mag. Ein Ich-Erzähler, der sich selbst als Protagonisten in das ausgebreitete Geschehen einführt, entlarvt sich selbst oder wird enttarnt als Hochstapler, der alles andere als mitgewirkt hat oder auch nur dabei gewesen ist. Warum sollte sich irgendjemand, der Erzähler, ein Protagonist, an das halten, was irgendjemand anderer oder er selbst verkündet hat? Warum sollte man irgendjemandem im Roman trauen?

Eine besonders elegante Weise, Beschreibungsunschärfe zu erzeugen, besteht darin, die Frage »Wer spricht?« fallweise oder gänzlich unbeantwortet zu lassen. Hierfür stehen dem Romancier jede Menge Kunstgriffe zur Verfügung. Er muss den Leser nicht darüber aufklären, ob der allwissende Erzähler oder der Ich-Erzähler, seien sie zuverlässig oder unzuverlässig, Protagonisten sind oder waren. Der Romancier hat immer die Option, den Leser im Unklaren darüber zu lassen, wer diesen Satz sagt, der in direkter oder indirekter Rede wiedergegeben ist, wer das denkt, wer das empfindet, wer das beobachtet. Wer das beschreibt. Der Romancier kann mit mehreren Stimmen arbeiten, die zusammen das Geschehene erzählen, illustrieren, kommentieren, deuten. Je mehr Widersprüche sich dabei ergeben, umso interessanter der Roman. Niemand zwingt ihn, das Verhältnis der Stimmen zu den Protagonisten des Geschehens eindeutig zu definieren oder überhaupt den einzelnen Stimmen eine eindeutige Identität zuzuordnen.

Bis hierher drehte sich die Betrachtung um den allwissenden, den Ich-Erzähler und die Protagonisten. Was ist mit dem Autor des Romans? Hat der gar nichts zu sagen? Hat er gar keine Meinung?

Der Autor kann sich selbst völlig zurücknehmen. Sowohl was den Inhalt als auch was den Stil betrifft. Jeder Protagonist formuliert auf seine Weise. Erzähler und Protagonisten vertreten dann Meinungen, die nicht diejenigen des Autors sind und auch nicht in irgendeiner Weise mit den Meinungen des Autors korrespondieren.

Der Autor kann sich in hohem Maß selbst einbringen. Inhaltlich, indem er Erzähler oder Protagonisten Meinungen vertreten lässt, die seine eigenen sind, stilistisch, indem er den Erzähler und beziehungsweise oder die einzelnen Protagonisten so formulieren lässt, wie er selbst formulieren würde. Klassische Romanciers spielen gern den Stil-Gott, der unsichtbar, aber in allen und in allem waltet: Der Erzähler spricht wie der Erzähler, jeder Protagonist spricht, wie er spricht, aber alle sprechen zugleich auch wie der Autor.

Der Autor darf sich buchstäblich in alles einmischen. Es steht ihm frei, mit jedem seiner Geschöpfe Verbindung aufzunehmen und sich mit ihnen auszutauschen. Wer sollte ihn davon abhalten, in seiner Schöpfung herumzuspazieren? Das ist die gutmütige Variante. Der Autor kann sich aber auch so bösartig verhalten, wie er will. Niemand vermag zu verhindern, dass der Autor seinen Geschöpfen über den Mund fährt, dass er sie mit falschen Anschuldigungen überzieht, dass er ihnen den Strick um den Hals legt und zuzieht, verbal oder sogar handgreiflich, auf der Romanebene natürlich. Nur eins ist dem Autor verwehrt: Er darf seine Geschöpfe nicht durch Missachtung strafen, er darf sie nicht komplett negieren. Denn dann gibt es sie nicht, und dann gibt es auch ihn, den Autor, nicht.

Ist der Autor der Urheber des Romans? Ja, aber er ist nicht der einzige. Da ist noch die Welt, aus welcher der Roman stammt und die die Bedingungen dafür vorgibt, dass der Roman in sie hineinpasst. Der Autor muss vom Bestehenden ausgehen, etwa anderes gibt es nicht. Jeder Roman ist immer auch ein Ringen mit dem Bestehenden. Der Romanautor und die Welt sind gleichberechtigte Player. Die Welt versucht, dem Roman jede Menge Bestandteile gewissermaßen aufs Auge zu drücken: den Stand der Wissenschaften und der Technologie, die offizielle und die tatsächliche Verfassung der Gesellschaft, in die der Autor eingebettet ist, ihre expliziten und impliziten kognitiven Verfahren. Wandelt sich der Romancier die Welt an oder wandelt sich die Welt den Romancier an? Jeder Roman ist auch ein Kräftemessen der zwei Player Autor und Welt.

12. Redundanzen

Eine Theorie, die mathematisch formuliert ist, wird niemand mit einem Roman verwechseln. Aber in Bezug auf sprachliche wissenschaftliche Darstellungen liegen die Dinge nicht mehr so einfach. Bei historischen, soziologischen, psychologischen und sogar bei ökonomisch veranlassten Betrachtungen können, gewollt oder ungewollt, Gefühle eine herausragende Rolle spielen. Paradigmatische Fälle sind historische Schilderungen, sofern sie auf handelnde Personen und Handlungen mit Folgen abzielen. Autobiographien erheben gewöhnlich keinen Anspruch auf Wissenschaftlichkeit, über die Wissenschaftlichkeit von Biographien lässt sich sowohl im Allgemeinen als auch jeweils im besonderen Fall trefflich streiten. Grundsätzlich können historische Schilderungen alle Merkmale eines Romans aufweisen, wie immer die auch festgelegt werden.

Man macht es sich zu einfach, wenn man formuliert, der Unterschied zwischen der historischen Darstellung und einem historischen – um das Thema auf den Punkt zu bringen – Roman bestehe darin, dass Erstere wahr und

Letzterer mindestens zu Teilen erfunden sei. Damit wird das Problem des Unterschieds in keiner Weise gelöst. Man verschiebt lediglich das Problem auf den Wahrheitsbegriff. Ob eine Darstellung ein Roman ist oder nicht, hängt dann vom gewählten Wahrheitsbegriff ab.

Üblicherweise ist es die Intention eines Historikers, dass seiner Darstellung eine tatsächliche Welt entspreche. Aber bekanntlich gibt es Geschichtsfälschungen. Sie erfolgen aus persönlichen oder politischen, neuerdings zunehmend aus ökonomischen Gründen, Stichworte: Firmenhistorien, Patentprozesse, Unternehmer- und Managerbiographien, in Bezug auf Letztere spielt wieder das Persönliche herein. Bei einer Geschichtsfälschung behauptet der Urheber, dass die dargestellte Welt eine tatsächliche sei, während andere, die sich mit den Vorgängen beschäftigen oder beschäftigen würden, zu dem Ergebnis kommen oder kommen würden, dass die dargestellte Welt keine tatsächliche ist.

Da purzeln aus der unendlichen Menge der verfügbaren Wahrheitsbegriffe schon drei naheliegende, ganz verschiedene heran:

– Die Darstellung ist genau dann wahr, wenn jemand sich tatsächlich ausgiebig damit beschäftigt und nicht das Gegenteil vertritt.
– Die Darstellung ist genau dann wahr, wenn jemand, der sich ausgiebig damit beschäftigen würde, nicht das Gegenteil vertreten würde.

– Die Darstellung ist genau dann wahr, wenn niemand das Gegenteil vertritt. Weil niemand sich ausgiebig damit beschäftigt.

Eine Darstellung, mit der sich niemand beschäftigt, kann nach dem ersten Wahrheitsbegriff nicht wahr sein, nach dem zweiten kann sie wahr oder unwahr sein, nach dem dritten muss sie wahr sein. Für ein und dieselbe Darstellung kann sich also ergeben: Je nach dem angewendeten Wahrheitsbegriff muss es sich um einen Roman handeln, eine historische Darstellung kann nicht vorliegen, oder die Darstellung kann genauso gut ein Roman wie eine historische Arbeit sein.

Eine Bemerkung zur Mathematik. Sie ist veranlasst, weil die Mathematik als das der Literatur diametral entgegengesetzte Unternehmen gilt. In diesem Zusammenhang wird gern wie folgt formuliert: Die Mathematik könne nicht lügen. Sie sei immer wahr. Bringe die Mathematik doch einmal einen Irrtum hervor, werde der mit Sicherheit später korrigiert. Im Gegensatz zu anderen sprachlichen Artefakten seien mathematische grundsätzlich verifizierbar oder falsifizierbar. Dort, wo sich Unentscheidbarkeit ergebe, habe der Begriff eine klare Bedeutung und sei in seiner Anwendung verifizierbar oder falsifizierbar. Aber was ist, wenn sich niemand dafür interessiert, einen Irrtum richtigzustellen, oder wenn einfach niemand mehr da ist, der den Irrtum korrigieren könnte?

Bei allem Streben nach und bei aller gegebenen Klarheit waltet auch in der Mathematik kein Mangel an Wahrheitsbegriffen. Gemäß dem Logizismus ist eine mathematische Darstellung genau dann wahr, wenn sie aus den fundamentalen Axiomen der Logik abgeleitet werden kann. Wobei keinerlei Übereinstimmung darüber existiert, welche die fundamentalen Axiome der Logik wären.

Nach dem realistischen Wahrheitsbegriff ist eine mathematische Darstellung genau dann wahr, wenn es ein mathematisches Objekt gibt, auf das die Darstellung Bezug nimmt. Mathematische Objekte existieren unabhängig vom Menschen, sie werden nicht gemacht, sondern gefunden. Um sie zu finden, benötigt der Mensch das Organ der mathematischen Intuition.

Für den Konstruktivisten ist eine mathematische Darstellung nur dann wahr, wenn für die Darstellung ein konstruktiver Beweis erbracht werden kann. Ein solcher Beweis konstruiert die Darstellung im strengen Sinn. Beweise, die den Satz vom ausgeschlossenen Dritten oder das Auswahlaxiom – zu jeder Menge von nicht leeren Mengen existiert eine Funktion, die jeder der nicht leeren Mengen ein Element daraus zuordnet, die also auswählt – anwenden, sind nicht konstruktiv, da mit ihrer Hilfe auch mathematische Darstellungen abgeleitet werden können, ohne diese zu konstruieren. Wenn es mathematische Objekte gibt, dann werden sie nicht gefunden, sondern gemacht. Die Verfechter konstruktiver Beweise wollen die Mathematik ehrlicher machen. Die Zulassung von nicht-konstruktiven Beweisen bedeutet jedoch eine elegantere und reichere Mathematik.

Die aufgeführten Wahrheitsbegriffe sind in keiner Weise deckungsgleich. Die Mathematik kann deshalb nicht immer wahr sein. Dort, wo die Verfechter zweier verschiedener Wahrheitsbegriffe nicht übereinstimmen, wird der eine den anderen der mathematischen Lüge zeihen. Inwieweit mathematische Artefakte verifizierbar oder falsifizierbar sind, hängt vom jeweils verwendeten Wahrheitsbegriff ab. Das verhält sich auch für den Begriff der Entscheidbarkeit nicht anders.

Die Mathematik ist der Literatur in der Tat diametral entgegengesetzt. Aber das hat nichts mit Wahrheit zu tun, wie immer man sie auch definieren mag. Ein erkennbar mathematisches sprachliches Artefakt transportiert eine fest umrissene, häufig gut strukturierbare Menge von Handlungsmöglichkeiten. Man kann versuchen, einen mathematischen Beweis zu widerlegen, man kann anstreben, ihn einfacher zu formulieren, man kann Anstrengungen unternehmen, ihn zu verallgemeinern. Die Wahrscheinlichkeit, dass zwei mit demselben Beweis befasste Mathematiker auf die gleichen Gedanken kommen, ist deutlich höher als null. Dagegen die Literatur: Die Menge der Handlungsmöglichkeiten, die ein literarisches Artefakt transportiert, fasert in der Regel aus, und sie ist, wenn überhaupt, nur unter Mühen strukturierbar. Keine zwei Leser werden denselben Roman völlig gleich interpretieren.

Ein neuer Beweis verändert lediglich unter Umständen die Möglichkeiten der Umformulierung für einen vorliegenden Beweis, oder es wird ein Horizont für weitere neue Beweise erschlossen: wenn ein nicht-trivialer mathematischer Zusammenhang zwischen dem neuen Beweis und dem vorliegenden Beweis besteht. Nur bei Erfüllung dieser Bedingung ändert sich die ›Handlungsbedeutung‹ des vorliegenden Beweises. Zwischen zwei Romanen besteht dagegen unter allen Umständen ein Zusammenhang, weil Romane immer mit Lebenssituationen zu tun haben. Jeder neue Roman verändert potentiell die Bedeutung, in jedem Sinn des Wortes, eines vorliegenden Romans. Im Prinzip ist jeder neue Roman dazu in der Lage, den Blick zu verändern, mit dem ein vorliegender Roman betrachtet wird, und den Anstoß zu ganz neuen, bis jetzt nicht in Erwägung gezogenen Arten von Romanen zu geben. In diesem Sinn kann man formulieren: Mathematik besteht darin, Beschreibungsunschärfe zu eliminieren. Literatur produziert bewusst Beschreibungsunschärfe.

Um dem fundamentalen Unterschied zwischen – sprachlich formulierter – Wissenschaft und dem Roman auf die Spur zu kommen, muss man sich nicht nur mit den Kriterien für den Roman, sondern auch mit Kriterien für den guten Roman auseinandersetzen. Eine historische Schilderung kann die Kriterien für einen guten Roman erfüllen, auch eine kosmologische Darstellung mag dazu imstande sein. Aber wenn Wissenschaft grundsätzlich aus Romanen bestünde, würde sie an der überwiegenden Mehrzahl der Probleme verzweifeln, die sie angeht.

Die Kriterien für den guten Roman gibt es natürlich nicht. Verschiedene Kritiker und verschiedene Literaturwissenschaftler haben verschiedene Kriterien – wenn sie denn welche haben. Das gilt für jede Epoche. Was es gibt, sind Ähnlichkeiten der Kriterienkataloge oder besser der Auffassungen, die sich zu Strömungen verdichten können. Je größer der zeitliche Abstand, desto leichter lassen sich Strömungen identifizieren. Aber zu allen Zeiten nehmen die Kriterien auf einen Kreis von ganz bestimmten Eigenschaften von Romanen Bezug.

Man kann sich schnell und ausdauernd darüber streiten, ob die Rede vom ›guten Roman‹ überhaupt in irgendeiner Form zielführend ist. Jemand wird vielleicht den ›gelungenen Roman‹ vorziehen. Jemand anderes wird einwenden, für ihn sei in gar nicht seltenen Fällen ein nicht gelungener Roman ein weit besserer als ein vergleichbarer gelungener Roman. Noch niemand hat behauptet, der Roman über den Mann ohne Eigenschaften und seine Eigenschaften sei ein Exemplum für einen in jeder Beziehung gelungenen Roman. Hier soll auf keinen Fall versucht werden, offen oder versteckt bestimmte Kriterien für einen guten Roman zu etablieren.

Zwei Begriffe, die bei der Diskussion über Kriterien für gute Romane immer wieder ins Spiel gebracht werden, sind diejenigen der Konzentration und der Ökonomie. Damit ist natürlich nicht gemeint, der Roman mache nur eine Aussage und die mit sparsamen Mitteln. Der Roman macht viele Aussagen, er lässt viele Interpretationen zu, oder, besser, er fordert sie heraus. Ein Roman bezieht sich auf viele mögliche Welten, und er transportiert Myriaden von Handlungsmöglichkeiten. Aber der Roman leistet das mit in gewisser Hinsicht geringem Aufwand. Die Präzisierung dieser Intuition führt zum entscheidenden Unterschied zwischen dem Roman und dem, was nicht Roman ist.

Ein Roman ist tendenziell konzentrierter als ein Protokoll. Aber es gibt auch konzentrierte Protokolle. Ein Protokoll soll alle Äußerungen und Handlungen festhalten, die in einer bestimmten sozialen Situation erfolgen. Das führt unweigerlich zu Wiederholungen. Es ist deshalb zwischen echten und unechten Protokollen zu unterscheiden: Stenographische Notate und Transkriptionen von Aufzeichnungen auf Ton- beziehungsweise Bildträgern sind echte Protokolle. Gerichtsprotokolle und Protokolle von Meetings sind demgegenüber unechte Protokolle, weil sie den tatsächlichen Ablauf der Verhandlung oder der Sitzung gekürzt und zusammenfassend wiedergeben. Unechte Protokolle bleiben Protokolle, sie stellen noch keine Romane dar, weil die Konzentration des Aussagen- und Handlungsstoffes ausschließlich unter dem Gesichtspunkt vorgenommen wird, unter dem auch die protokollierte soziale Situation steht. Roman-dialoge unterscheiden sich üblicherweise beträchtlich von Dialogen auf Ton- und Bildträgern, die tatsächlich stattgefundene Gespräche protokollieren sollen. Aber es gibt auch ausgesprochen geschwätzige Romane und solche, in die Gespräche in O-Ton eingebaut sind. Diese Romane bleiben gleichwohl Romane, sie stellen keine Protokolle dar, weil die soziale Situation, aus der das Gespräch im O-Ton stammt, nicht die Gesamtdarstellung nahelegt.

Wissenschaftliche sprachliche Darstellungen können sowohl konzentrierter als auch weniger konzentriert sein als Romane. Der Konzentrationsgrad ist höher, wenn zum Beispiel nur auf eine bestimmte Klasse von Fakten abgestellt wird. Er ist niedriger, wenn etwa in einer historischen Darstellung einem Vollständigkeits-ideal gehuldigt wird, auf dessen Altar die Zusammen-hänge dem geopfert werden, was da zusammenhängt. Der Konzentrationsgrad hängt vom verfolgten Ziel ab, er ist immer nur Mittel, niemals kommt er auch nur in die Nähe dessen, Selbstzweck zu sein. Die Ökonomie von Protokollen und wissenschaftlichen Darstellungen besteht schlicht darin, sich überflüssige Mühe zu sparen.

Die klassische Redundanz als eindeutige Wiederholung des Ausdrucks oder des Ausgedrückten kommt im Ro-man nur höchst selten vor. Etwa wenn eine Romanfi-gur bei jedem Auftreten mit denselben Eigenschaften, vielleicht sogar mit demselben Wort charakterisiert

wird, wenn sie gewissermaßen mit einem Etikett versehen wird. Wichtiger ist die Variation. Wird ein Mensch
oder ein Gegenstand immer wieder ähnlich beschrieben, spielen sich Ereignisse ab, die sich nicht sehr voneinander unterscheiden, erzeugt das beim Leser den
Eindruck der Redundanz. Der Übergang von der klassischen Redundanz zur Variation muss als fließender
konstruiert werden. Es gilt wieder, Ähnlichkeitsmaße
zu definieren. Sicherlich werden diese sich sehr unterscheiden, je nachdem, ob sie sich auf Menschen, Dinge
oder Ereignisse beziehen. Aus den gewichteten Ähnlichkeiten ergibt sich die Redundanz des Romans. Natürlich können die Ähnlichkeitsmaße auch im Mögliche-
Welten-Begriffsapparat ausgedrückt werden, als Maße
für die Nähe von Welten, welche die entsprechenden
Ereignisse, Menschen oder Dinge enthalten.

Die Redundanzen können aber auch viel abstrakterer
Natur sein: Wie werden Personen und Dinge einge-
führt. Wie treten Personen in der Folge auf, wie werden
Dinge angeführt. Sind die Kategorien, gemäß denen
Personen und Dinge beschrieben werden, immer die-
selben oder variieren sie. Wie detailliert werden Ereig-
nisse und Personen beschrieben, bleibt der Detaillie-
rungsgrad gleich oder variiert er. Die Redundanz eines
Protokolls ist von der einschlägigen sozialen Situation
determiniert, die Redundanz einer wissenschaftlichen
Darstellung ergibt sich aus dem damit verfolgten Ziel.
Für den Roman gibt es keine eindimensionalen Ziele.
Die Faktoren, welche die Redundanz des Romans be-

einflussen, sind demgemäß zahlreiche. Ein herausragender Faktor ist die Expressivität.

Protokolle berichten vielleicht von geäußerten oder kenntlich gewordenen Gefühlen, wissenschaftliche Darstellungen beschreiben möglicherweise Gefühle. Romane unternehmen gern beides. Aber das Entscheidende ist: Romane drücken Gefühle aus. Das geschieht auf jede erdenkliche Weise, von der Entscheidung für den Plot bis zur Wortwahl. Wissenschaftliche Darstellungen und Protokolle drücken keine Gefühle aus, sie informieren höchstens über Gefühle.

Die beiden polar entgegengesetzten Gestaltungsmöglichkeiten zur Regulierung der Expressivität im Roman sind die Massierung und die Leerstelle. Ereignisse und Eigenschaften, die mit einem hohen Gefühlswert besetzt sind, konzentrieren Redundanzen auf sich, sie werden wiederholt und eingehend behandelt, für das Gefühl passagere Geschehnisse und Attribute sind mit niedrigen Redundanzen verbunden. Aber es geht auch genau andersherum: Die Schilderung spart Ereignisse und Eigenschaften mit hohem Gefühlswert nahezu aus, dafür behandelt sie Vorkommnisse und Charakteristiken, denen nur eine niedrige Gefühlswertigkeit zukommt, gewissermaßen atrophisch.

Natürlich kann ein Roman Gefühle ausdrücken, ohne auch nur ein einziges Substantiv oder Adjektiv zu verwenden, das sich unmittelbar auf ein Gefühl bezieht.

124

Eine bestimmte Gefühlswelt lässt sich wirkungsvoll allein dadurch heraufbeschwören, dass sachlich geschildert wird, unter welchen Umständen wer was tut. Der Leser versteht die Gefühle der linkshändigen Frau, weil ihn die Szenen im Buch auf ähnliche Szenen in seinem Leben verweisen. Der Autor hat die Personen und Umstände in seinem Roman genau so ausgewählt, dass ein eindeutiger Verweisungszusammenhang gegeben ist. Der Autor und der Leser wissen, was man als Handelnder oder Erleidender in genau dieser Kulisse empfindet.

Das Beispiel ist auch insofern instruktiv, als es zeigt: Der Roman ist grundsätzlich in eine soziale Situation eingebunden. Die soziale Situation, in der der Roman eine Rolle spielt, ist jedoch um Größenordnungen weiträumiger als die Situationen des Protokolls oder der wissenschaftlichen Darstellung. Es klingt pathetisch, aber es ist wohl nicht übertrieben zu sagen, die soziale Situation des Romans ist die menschliche Existenz. Weil die soziale Situation, in der der Roman seinen Platz hat, die raumgreifendste und komplexeste von allen ist, deswegen variieren Romane auf so vielfältige Weise in der Zeit und über die Zeiten. Es gibt keine Kategorie der Beschreibung des Romans, deren Attribute der Roman nicht ausprobieren würde.

Die Verfasser von Protokollen und wissenschaftlichen Darstellungen wollen sich und ihren Lesern überflüssigen Aufwand ersparen und bekämpfen deshalb Redundanzen. Haben Romanciers und ihre Leser so viel größere Ressourcen als Wissenschaftler und Richter? Mitnichten. Auch der Schreiber eines Romans und dessen Verschlinger müssen mit ihren Kräften haushalten. Selbst ein geschwätziger Roman hört einmal auf. Oder der Leser vorher mit dem Lesen.

Viele Romane enthalten Kernbestandteile, die nicht wegzudenken sind, während andere Teile ersetzt werden könnten, ohne dass sich der Charakter des Romans grundlegend ändern würde. Aber es gibt auch Romane, deren Anmutung die gleiche bliebe, wenn beliebige Teile durch andere ersetzt würden, unter der Bedingung, dass der ersetzte Anteil insgesamt nicht zu groß ist. Es ist naheliegend, für den Roman mit einem Begriff der Redundanz zweiter Ordnung zu arbeiten. Man fasst Einheiten nach Ähnlichkeitsgesichtspunkten zu Clustern zusammen und untersucht die Beziehungen zwischen diesen übergeordneten Einheiten. Das, was üblicherweise als Konzentration oder Ökonomie des Romans bezeichnet wird, ist dann nichts anderes als die Beschränkung, die Kontrolle der Redundanz zweiter Ordnung. Die Cluster können ganz verschiedener Art sein, aus jeweils ganz verschiedenen Bestandteilen gebildet sein. Mannigfache syntaktische, grammatikalische und semantische Kandidaten kommen in Frage, von sprachlichen Ausdrücken bis zu Handlungsbestandteilen.

13. Anstatt Ontologie: Morphismen

Protokolle und wissenschaftliche Darstellungen sind Bestandteile von Handlungszusammenhängen. Geschäftliche und Gerichtsprotokolle werden gemäß bestimmten formellen und informellen Regeln gefertigt, um Grundlagen für Entscheidungen zu bilden. Wissenschaftliche Darstellungen entstehen nach den akzeptierten Regeln der Forschungsgemeinschaften, damit sollen Probleme gelöst werden. Man kann Diagramme zeichnen, welche die Beziehungen zwischen den Handelnden und den sprachlichen Artefakten wiedergeben. Bestimmte soziologische Ansätze betrachten auch die sprachlichen Artefakte als Akteure. Die entsprechenden Handlungszusammenhänge sind strukturiert, sie entsprechen wiederkehrenden Situationen, der Gerichtsverhandlung, der Vorstandssitzung, dem wissenschaftlichen Kongress, man kann sie typisieren.

Romane scheinen in mehreren Klassen von Handlungszusammenhängen auf, die sich stark voneinander unterscheiden. Strukturierte Handlungszusammenhänge gibt es trivialerweise zuerst dort, wo es um die Produktion, die Verbreitung und die Aufnahme des Romans geht. Ein Roman als konventionelles Buch, als Hörbuch oder als E-Book ist immer auch ein ökonomisches Produkt. Der Ablauf von der Entstehung bis zur Verbreitung eines Buches kann nicht für jedes Buch ein völlig individueller sein. Der notwendige ökonomische und intellektuelle Aufwand wäre unangemessen hoch. Ein guter Verleger typisiert so stark, wie es ökonomisch und intellektuell vertretbar ist. Analoges gilt für den Buchhändler und den Rezensenten.

Ein gänzlich anderer, jedoch ebenfalls strukturierter Handlungszusammenhang ergibt sich – oder auch nicht –, wenn der Roman Gegenstand wissenschaftlicher Betrachtung wird. Seine Karriere führt dann über das Seminar entweder zurück in die Vergessenheit oder in den Kanon, in der Gegenwart stets verbunden mit dem Warnhinweis, dass ein Kanon nicht mehr existiere. Nichtsdestotrotz sind die Bestände in den öffentlichen Bibliotheken erwartbar, bedeuten die in den literaturwissenschaftlichen Oberseminaren behandelten Bücher nur selten eine Überraschung, bieten Verlage Klassiker-Reihen an. Hinzu kommen die Kultbücher, kaum eine Szene kommt ohne Szene-Kanon aus.

Es gibt zwei Sorten von Lesern: Die einen können den Roman nicht lesen, ohne an den Autor zu denken. Sie fassen den Roman als Botschaft des Autors auf. Er will ihnen etwas Bestimmtes mitteilen, das wollen sie verstehen. Oder der Autor will ihnen gar nichts mitteilen, aber er tut es doch. Diese Leser erschnüffeln hobbymäßig – oder erforschen professionell – Korrespondenzen zwischen dem Roman und dem, was über das Leben des Autors bekannt ist. So oder so handelt es sich um Wirkungsketten, die von einem Einzelnen über das sprachliche Artefakt zu einem anderen Einzelnen führen. Die zweite Sorte von Lesern ist nicht am Autor, sondern allein am Roman interessiert. Ein Analogon dazu existiert weder für das Protokoll noch für die wissenschaftliche Darstellung. Protokolle und wissenschaftliche Darstellungen spielen ausschließlich eine Rolle in solchen Situationen, an denen mindestens zwei Einzelne beteiligt sind. Im Fall des Romans existiert die aparte Möglichkeit, den Autor aus der Wirkungskette hinauszudenken. Die Wirkungskette führt vom Leser zum Roman und wieder zurück. An dieser Situation ist nur ein Einzelner beteiligt.

Die vorbildlich monogame Beziehung zwischen Roman und Leser ist nur möglich, weil der Roman jede Menge autoreflexiver Handlungsmöglichkeiten transportiert, also Handlungsmöglichkeiten, die sich auf ihn selbst beziehen. Protokolle und wissenschaftliche Darstellungen befördern dagegen überwiegend transitive Handlungsmöglichkeiten, also solche, die auch andere einbeziehen. Insbesondere transportiert ein Roman die Handlungsmöglichkeit, ihn unter allen denkbaren Gesichtspunkten zu zergliedern, und die weitere Handlungsmöglichkeit, zwischen allen Betrachtungsebenen und allen Bestandteilen, mögen sie auch zu noch so verschiedenen Kategorien gehören, Beziehungen herzustellen. Ein Roman besteht nicht aus Wörtern respektive Sätzen oder aus Szenen, Charakteren oder Stilelementen. Was den Roman ausmacht, ist das, worauf er sich bezieht, und die Mittel der Bezugnahme und die Weisen der Bezugnahme. Wer unbedingt will, kann das auch Ontologie nennen.

Wie beschrieben ist die soziale Situation des Protokolls und der wissenschaftlichen Darstellung weit typisierter und spezifischer als die des Romans. Deswegen sind im Vergleich zum Roman die Bestandteile des Protokolls und der wissenschaftlichen Darstellung immer mehr oder weniger gleichgeschaltet. Den Gegenständen der Verweisung, der Art des Verweisens und den Mitteln der Verweisung eignen im Roman ungleich größere Freiheitsgrade als im Protokoll und in der wissenschaftlichen Darstellung.

Die Beziehungen zwischen den Bestandteilen des Romans sollen hier Morphismen genannt werden. Der Anklang an die mathematische Kategorientheorie ist beabsichtigt. Man könnte auch einfach von Abbildungen sprechen, aber da schieben sich die anschaulichen Deutungen so schnell vor die mathematische Interpretation. Eine Kategorie im mathematischen Sinn ist eine algebraische Struktur aus Objekten, die durch Pfeile oder Morphismen verbunden sind. Das einfachste Beispiel für eine Kategorie stellt die Klasse aller Mengen mit allen Funktionen zwischen den Mengen dar. Die

Kategorientheorie richtet den Fokus nicht auf Identitäten, sondern auf Handlungen: Ein Morphismus ist eine mathematische Operation und nichts anderes. Aus der Sicht der Kategorientheorie spielt es keine Rolle, ob oder inwieweit durch die Morphismen Identitäten konstituiert werden. Eine kategorientheoretisch rekonstruierte Gleichung verlangt nicht, dass das, was auf der linken Seite steht, in einem ontologischen Sinn genau das ist, was auf der rechten Seite steht.

In einem Roman kommt Eifersucht vor. Im Text finden sich das Substantiv und das zugehörige Adjektiv. Auf dem kürzest möglichen Weg verweist der Text auf das Gefühl Eifersucht. Der entsprechende Morphismus ist definiert:

{Gefühl Eifersucht} → {Wort Eifersucht,
　　　　　　　　　　　　Wort eifersüchtig}

Der Ich-Erzähler erklärt offen, dass er das Gefühl der Eifersucht in Bezug auf seine Geliebte hegt. Er stellt Vermutungen an, ob sie ein Verhältnis mit einer Freundin oder mit anderen weiblichen Bekannten hat, er wägt die Gründe ab, die dafür und dagegen sprechen. Damit nicht genug: Er stellt allgemeine Betrachtungen über das Wesen der Eifersucht an, und er beobachtet sich selbst. Er sucht nach Konstanten, Regelmäßigkeiten in seinem eigenen Verhalten: Wann hält die Eifersucht Abstand von ihm, wann bedrängt sie ihn? Entsprechende Morphismen können so definiert werden:

{Gefühl Eifersucht} → {explizite Fremdwahrnehmung
aus Eifersucht Nr. 1, explizite
Fremdwahrnehmung aus Eifersucht Nr. 2, ...}

{Gefühl Eifersucht} → {explizite allgemeine
Betrachtung zu Eifersucht
Nr. 1, explizite allgemeine
Betrachtung zu Eifersucht
Nr. 2, ...}

{Gefühl Eifersucht} → {explizite Selbstbeobachtung
in Eifersucht Nr. 1, explizite
Selbstbeobachtung in Eifersucht Nr. 2, ...}

Der Ich-Erzähler handelt als Eifersüchtiger: Er spio-
niert der Geliebten nach, er versucht zu verhindern,
dass sie Umgang mit derjenigen hat, mit der sie nach
seiner Vermutung eine intime Beziehung unterhält.

{Gefühl Eifersucht} → {intentionale Handlung aus
Eifersucht 1, intentionale
Handlung aus Eifersucht 2, ...}

Naturgemäß spielt die Eifersucht nicht etwa nur dort
eine Rolle, wo sie explizit erwähnt wird. Man kann mit
Fug und Recht behaupten: Jetzt beginnt überhaupt erst
die Kunst. Die Eifersucht des Erzählers veranlasst ihn
zu Fremd- und Selbstbeobachtungen, die zunächst und
vielleicht auch fürderhin gar keinen inhaltlichen Zusammenhang mit seiner Eifersucht aufweisen. Aber er

würde diese Beobachtungen nicht anstellen, wenn er nicht eifersüchtig wäre. Wobei ihm nicht bewusst ist, dass seine Eifersucht die Ursache für diese Beobachtungen bildet. Gleichermaßen unternimmt er Dinge, die er als Nicht-Eifersüchtiger nie tun würde, was ihm ebenfalls nicht bewusst ist.

{Gefühl Eifersucht} → {Fremdbeobachtung, deren Anlass Eifersucht unbewusst ist Nr. 1, Fremdbeobachtung, deren Anlass Eifersucht unbewusst ist Nr. 2, ...}

{Gefühl Eifersucht} → {Selbstbeobachtung, deren Anlass Eifersucht unbewusst ist Nr. 1, Selbstbeobachtung, deren Anlass Eifersucht unbewusst ist Nr. 2, ...}

{Gefühl Eifersucht} → {nicht-intentionale Handlung aus Eifersucht Nr. 1, nicht-intentionale Handlung aus Eifersucht Nr. 2, ...}

Geschweifte Klammern und Pfeile im Zusammenhang mit der Lektüre von Romanen führen mindestens zu Befremdung. Mit dieser zarten Andeutung eines formalen Apparats soll *nicht* nahegelegt werden: Die Interpretation von oder besser der Umgang mit Romanen überhaupt wäre etwa grundsätzlich zu formalisieren, weil gewisse Eigenschaften des Romans nur durch die Formalisierung evident würden. Die Perspektive der

Formalisierung soll vielmehr veranschaulichen: Die Beziehung zwischen einzelnen Wörtern und dem, was sie bezeichnen sollen, ist nur eine von sehr vielen Beziehungen im Roman. Die Eifersucht wird eben nicht nur durch die Wörter Eifersucht und eifersüchtig ausgedrückt und durch Sätze, in denen diese Worte vorkommen, sondern etwa auch durch die Fremd- und Selbstbeobachtungen, die der Ich-Erzähler nicht anstellen würde, wäre er nicht eifersüchtig. Gleichermaßen drücken Handlungen Eifersucht aus, obwohl sie sich in keiner Weise explizit auf das Gefühl beziehen. Alle diese Arten des Ausdrucks sind im Roman prinzipiell gleichberechtigt.

Ein weiterer Vorteil des Morphismus-Begriffs besteht darin, dass er als Oberbegriff für Inhaltliches wie Formales fungiert. Die Diskussion Inhalt vs. Form muss nicht um jeden Preis immer wieder geführt werden. Man kann bestimmte Charakterzüge eines Romans absolut präzise erfassen, ohne sich festlegen zu müssen, ob es formale oder inhaltliche sind.

Die Struktur eines Romans ist nicht hierarchisch in dem Sinn, dass die verschiedenen Morphismen im Roman in eindeutig bestimmter Weise aufeinander aufbauen, dass man etwa für zwei Morphismen stets angeben könnte, ob der erste Bestandteil des zweiten oder der zweite Bestandteil des ersten ist. Die Struktur, die sich aus den jeweiligen Morphismen ergibt, variiert von Roman zu Roman.

Natürlich kann man auch ein Protokoll und eine wissenschaftliche Darstellung auf Morphismen hin untersuchen. Aber man wird nicht das finden, weder qualitativ noch quantitativ, was den Roman auszeichnet: eine hinreichend komplexe Struktur von Morphismen. Wobei der Großteil der existierenden Romane die prinzipiell verfügbare Komplexität nicht ausschöpft.

14. Wahrnehmung

Das Fundament für alle kognitiven Aktivitäten des
Menschen und damit für das, was als Handlungen qualifiziert werden kann, ist die Wahrnehmung. Dies ist
der Beweggrund dafür, dass die sinnliche Wahrnehmung von der Literatur prinzipiell stark thematisiert
wird. Die Arten und die Formen der sinnlichen Wahrnehmung werden natürlich durch die biologische Ausstattung des menschlichen Organismus bestimmt. Der
anspruchsvollste Sinn ist der visuelle. Wie Sehen funktioniert, kann man gut veranschaulichen, indem man
den Menschen mit einem Roboter vergleicht.

Roboter sehen viel besser als Menschen, aber sie verstehen nicht, was sie sehen. Begibt sich ein Roboter in
einen ihm unbekannten Raum, dann besteht sein Gesichtsfeld zunächst aus einer ungeordneten Menge von
Punkten. Im ersten Schritt verwandelt der Roboter
diese Punktmenge in eine Ansammlung von Geraden,
Kreisen, Quadraten und Rechtecken sowie zu komplizierteren geometrischen Figuren. Im zweiten Schritt
vergleicht der Roboter die Figuren mit Objekten, die in

seinem Gedächtnis gespeichert sind. Unter Umständen benötigt der Roboter ziemlich viel Rechenzeit, bis er darauf kommt, dass in dem Raum ein Schreibtisch steht, davor ein Stuhl, und auf dem befindet sich ein Mensch.

Was macht der Mensch im Gesichtsfeld des Kundschafter-Roboters? Er hält einen roten Stab über eine weiße Fläche, und er bewegt einen Fuß auf dem Boden. Kommt ein anderer Mensch in den Raum, sieht der sofort: Da sitzt jemand an einem Schreibtisch und schreibt. Das sagt ihm sein gesunder Menschenverstand. Vielleicht schreibt der Mensch auch nicht. Sondern er tut nur so. Der Roboter verfügt nicht über so etwas wie den gesunden Menschenverstand. Wenn man ihm nicht vorher bestimmte räumliche Anordnungen des Schreibtisches, des Stuhls, des Menschen, des roten Stabes und der weißen Fläche einprogrammiert hat, wird er nie melden, dass der von seinen Kameras erfasste Mensch schreibt.

Der Mensch, der den Raum betritt, und der Roboter kartieren den Raum beziehungsweise ihr jeweiliges Gesichtsfeld auf sehr verschiedene Art und Weise. Der Roboter klappert Listen ab, um zu einer Einordnung dessen zu kommen, was sich in seinem Gesichtsfeld befindet. Diese Listen hat jemand vorher für ihn erstellt und ihn damit gefüttert. Der Mensch muss keine Verzeichnisse durcharbeiten. Er sieht sofort und versteht gleich, was er sieht. Nicht deshalb, weil er übernatürliche Fähigkeiten hätte oder weil ihm eine höhere Macht etwas eingäbe. Auch der Mensch ist auf einen Vergleich dessen, was sich in seinem Gesichtsfeld befindet, mit etwas, das in seinem Gehirn gespeichert wird, angewiesen. Die technische Grundlage dieses Vergleichs sind neuronale Prozesse. Wie hat der Mensch gelernt, den Stuhl, den Schreibtisch, den anderen Menschen, den roten Stab und die weiße Fläche jeweils als solche zu identifizieren? Wie ist der Mensch darauf gekommen, die Schreibsituation zu isolieren und mit entsprechenden sprachlichen Artefakten zu belegen? Das wurde natürlich nicht an einem einzelnen Menschen vollbracht. Das Sehen und Verstehen ist das Resultat der biologischen Entwicklung der Gattung Mensch sowie der Sozialisierung des einzelnen Menschen.

Ein hypothetischer Mensch ohne alle *Erfahrung* betritt den Raum mit dem Schreibtisch und der Figur auf dem Stuhl davor und hält inne. Es sei vorausgesetzt, dass sich nichts in dem Raum bewegt – die Figur am Schreibtisch schreibt nicht, sondern denkt nach. Auch das Gesichtsfeld des Menschen ist gerastert. Der Mensch hat zunächst einmal ein bestimmtes Netzhautbild. Solange er keinen Muskel rührt, bleibt das Netzhautbild unverändert. Bewegt er die Augen, macht er einen Schritt nach vorn, ändert sich das Netzhautbild. Macht er einen Schritt zurück, bringt er seine Arme wieder in die vorherige Position, so hat er wieder dasselbe Netzhautbild wie vorher. Der hypothetische Mensch ohne alle Erfahrung geht durch den Raum zum Schreibtisch hin. Hat er den Schreibtisch erreicht, stößt er mit dem

Oberschenkel an ihn an und kann nicht weitergehen. Streckt er die Arme gerade vor sich aus, erfahren diese im Gegensatz zu den Beinen keinen Widerstand. Lässt er die Arme sinken, finden auch sie Widerstand. Die Sitzgelegenheit samt Figur sei für einen Augenblick ausgeblendet. Der Mensch geht um den Schreibtisch herum und tastet mit den Händen die Kanten und die Oberfläche des Schreibtisches ab. Zu jedem Zeitpunkt sind genau eine Position seiner Augen, eine Position seiner Hände, ein Netzhautbild und eine bestimmte Kombination von Tastempfindungen in seinen Händen verwirklicht. Wenn der Mensch keine Drogen genommen hat, ändert sich das Netzhautbild nicht sprunghaft, sondern kontinuierlich. Gleiches gilt für die Tastempfindungen in den Händen. Auf diese Weise wird eine Beziehung zwischen seinen Augen, seinen Händen und dem Netzhautbild etabliert, die den Schreibtisch als Gegenstand definiert.

Die Strukturierung des Rasters, der das Gesichtsfeld des Menschen bildet, erfolgt durch den Einsatz von Sensoren und Aktoren. Die Einteilung der sichtbaren Welt in Gegenstände ergibt sich aus dem Zusammenspiel der fünf Sinne, hauptsächlich aus dem Zusammenwirken des Gesichts- und des Tastsinns. Der Mensch benutzt seine Arme und seine Beine, und er trifft auf wie immer gearteten Widerstand. Welchen Grund oder Anlass sollte es ohne diese Fähigkeit überhaupt geben, das Raster im Gesichtsfeld zu ordnen? Jegliche Art der Interaktion des Menschen mit der Welt, sei sie körperlich oder geistig, hat ihren Ursprung in Bewegungen seines Körpers im Raum.

Die Beziehung zwischen den Augen, den Händen und dem Netzhautbild ist ziemlich überlebensfähig. Sie übersteht viele Arten von Amputationen. Der Mensch ohne alle Erfahrung schließt die Augen, während er weiter den Schreibtisch betastet. Der Schreibtisch bleibt der Schreibtisch. Wenn der Mensch die Augen wieder aufmacht, ersetzt er das Innenwirkungsraster durch das Außenwirkungsraster. Der Mensch bewegt sich vom Schreibtisch weg, er berührt ihn nicht mehr, er behält ihn jedoch im Auge. Die der Bewegung entsprechenden Netzhautbilder werden weiter so geordnet, dass sie den Schreibtisch zeigen. Der Schreibtisch bleibt der Schreibtisch. Später vermag der Mensch den Schreibtisch als Erinnerung vor seinem inneren Auge heraufzubeschwören. Weniger poetisch ausgedrückt: Der Mensch hat die Fähigkeit, auch ohne Einwirkung von außen ein Bild zu erzeugen, das dem Netzhautbild gleicht, das sich bei offenen Augen ergeben würde. Auf diese Weise entsteht die Vorstellung der vom Menschen unabhängigen Außenwelt. Die ist da, unabhängig davon, ob der Mensch die Augen offen hält oder geschlossen hat.

Im Rahmen eines Blitzumzugs wird der Schreibtisch entfernt. Der Mensch kehrt dorthin zurück, wo der Schreibtisch stand, er sieht ihn nicht mehr und kann ihn nicht mehr berühren. Aber er ist jederzeit imstande, auch mit offenen Augen, ein Innenwirkungsraster zu produzieren, das dem Außenwirkungsraster gleicht. Blinde bilden ebenfalls ein Raumgefühl aus. Das geschieht vor allem mit dem Tastsinn.

Kein Sinneseindruck ist ein Abbild von etwas. Sinneseindrücke sind jeweils nur Reaktionen der Sensoren des Menschen auf äußere Einwirkungen. Ebenso wenig bilden innere Vorstellungen etwas ab, sie sind jeweils nur das Produkt innerer Innervierungen.

In einer Welt ohne Gegenstände könnte das Gehirn zwar unterscheiden, was zugehöriger Körper wäre und was nicht. Aber das Gehirn hätte keine Möglichkeit, die Rückwirkung des Körpers und damit seine eigene Rückwirkung auf die Umwelt auch nur zu erfassen, geschweige denn, sie zu kontrollieren. In einer Welt ohne Gegenstände gibt es nur ein Zentrum, das Gehirn mit dem Körper als unmittelbarer Peripherie. Erst eine Welt mit Gegenständen ermöglicht die überhaupt nicht notwendig bewusste Einsicht, dass das jeweilige Gehirn wohl doch nicht das Zentrum der Welt ist.

Nichts spricht dagegen, wahrnehmungsbedingtes Sehen, die Erzeugung von Außenwirkungsrastern, und geistiges Sehen, die Erzeugung von Innenwirkungsrastern, als völlig gleichberechtigte Befehlsmenüs aufzufassen. Es gibt keine inneren Nachbildungen von etwas Äußerem. Es gibt nur innere Bildungen, denen etwas Äußeres zuordenbar ist oder nicht. Dennoch ist das wahrnehmungsbedingte Sehen in einer Hinsicht grundlegender als das geistige Sehen: Immer vorausgesetzt, er nimmt keine Drogen, produziert der Mensch solche Innenwirkungsraster, die Außenwirkungsrastern ähnlich sind. Ohne äußere Einwirkungen auf die Sinne können sich innere Vorstellungen weder entfalten noch anspruchsvoll strukturieren. Die Raumanschauung ist alles andere als transzendental gegeben. Sie ist das Ergebnis des Zusammenspiels des Gesichts- und des Tastsinns, der Zusammenwirkung von Sensoren und Aktoren des Menschen.

Die Speicherkapazität des Gehirns in Relation zu seiner Lebensspanne ist begrenzt. Wäre die Gedächtniskapazität sehr viel größer, könnte sich das Gehirn jedes Detail seiner Geschichte merken, etwa jedes Netzhautbild und die dazugehörigen Positionen der an der Erzeugung des Netzhautbildes beteiligten Körperteile. Die Körperprozesse und Verhaltensprogramme, die von der Benutzung des Gesichtssinnes abhängen, könnten dann unmittelbar auf die Netzhautbilder zurückgreifen, wobei praktisch nie zwei Netzhautbilder identisch sind. Das begrenzte Gedächtnis führt dazu, dass das Gehirn Sinneseindrücke und überhaupt seine Geschichte zusammenfassen muss. Um im Beispiel zu bleiben: Es werden Klassen von Netzhautbildern zusammengestellt, die jeweils etwas gemeinsam haben: Sie verweisen auf Schreibtische, auf Figuren, die an Schreibtischen sitzen, auf Figuren, die rote Stäbe über weiße Flächen halten etc. Die entsprechenden Verhaltensprogramme setzen nicht auf der Menge aller Netzhautbilder auf, sondern auf den markierten Klassen von Netzhautbildern.

Die Neurowissenschaftler bedienen sich gern aus dem Fundus philosophischer Theoriebildung. Warum auch nicht. Tatsächlich liegt es nahe, die Klassen von Netzhautbildern als Realisierungen elementarer Begriffe aufzufassen. Im Beispiel gibt es etwa den Gegenstandsbegriff des Schreibtisches, den Eigenschaftsbegriff der Farbe Rot, den – sozialen – Begriff der Schreibsituation. In diesem Sinn kann formuliert werden, dass das Gehirn Begriffe bildet und anwendet. Die Begriffe entstehen durch Abstraktion: Das Gehirn blendet bestimmte Details der Netzhautbilder zugunsten von anderen Details aus. Bestimmte Unterschiede nimmt das Gehirn nicht zur Kenntnis. Der Schreibtisch bleibt der Schreibtisch, egal, von welcher Seite er ins Auge gefasst wird, die Farbe Rot bleibt die Farbe Rot, gleich, welcher Gegenstand vom Betrachter als rot wahrgenommen wird, die Schreibsituation bleibt die Schreibsituation, egal, wer schreibt und ob die Gestalt am Schreibtisch tatsächlich schreibt oder nur so tut.

Begriffe in dem ausgeführten Sinn können als Spezialfälle von Mustern aufgefasst werden. Muster sind Anordnungen von Elementen. Jeweils ganz verschiedene Elemente können nach dem gleichen Muster, zu dem gleichen Muster angeordnet werden. Dem Gegenstandsbegriff des Schreibtisches und dem Eigenschaftsbegriff der Farbe Rot entsprechen Muster in der Anordnung der

Rasterpunkte von Netzhautbildern. Die Klassen derjenigen Netzhautbilder, welche die einschlägigen Muster aufweisen, bilden die Begriffsumfänge.

An dieser Stelle ist natürlich zwischen genetisch bedingt unveränderlichen und erworbenen, veränderlichen Begriffen zu unterscheiden. Die Farbwahrnehmung ist unveränderlich. Licht ist elektromagnetische Strahlung, üblicherweise zusammengesetzt aus Strahlen mit ganz unterschiedlichen Wellenlängen. Licht hat keine Farbe. Die Farbe ist eine Konstruktion des Gehirns. Eine rote Oberfläche reflektiert mehr Licht mit einer Wellenlänge von ca. 630 Nanometer bis 700 Nanometer als Licht mit anderen Wellenlängen. Die Strahlen in diesem Bereich werden vom Gehirn als rot markiert. Eine weiße Oberfläche reflektiert gleichmäßig alle Wellenlängen des sichtbaren Spektrums von 400 Nanometer bis 700 Nanometer.

Der Körper befindet sich in ständiger Wechselbeziehung zu seiner Umwelt. In der Sprache der Ingenieure würde man sagen: Das Gehirn misst und regelt diese Wechselbeziehung. Jedes Verhalten, jede Handlung und jede Unterlassung einer Handlung ist ein Spezialfall dieser Beziehung. Das Gehirn bildet nicht die Umwelt oder Teile davon ab, sondern es hält die Konsequenzen fest, welche die Wechselbeziehung für den Körper hat. Das Netzhautbild eines Gegenstands – genauer, die entsprechende Klasse von Netzhautbildern – ist gekoppelt mit dem, was der wohl berühmteste Kinderpsychologe als sensomotorische Schemata bezeichnet hat. Ein sensomotorisches Schema ist ein modulares Verhaltensprogramm, dessen Input Sinneseindrücke und dessen Output Bewegungen des Körpers sind. Das einfachste Beispiel für ein sensomotorisches Schema ist das Greifen nach einem Gegenstand, der sich im Gesichtsfeld befindet.

Die Einteilung der Welt in Gegenstände und in Begriffe als Klassen von Gegenständen bedeutet nichts anderes, als dass sich das Gehirn gegenüber allen Gegenständen, die unter denselben Begriff fallen, gleich verhält.

Der Kinderpsychologe – es war auch ein wichtiger Erkenntnistheoretiker – sprach von sensomotorischer Intelligenz. Er meinte damit die Koordination von aufeinanderfolgenden Wahrnehmungen und gleichfalls aufeinanderfolgenden Bewegungen des Körpers. Er erläuterte, die sensomotorische Intelligenz sei der Betrachtung eines Films in Zeitlupe vergleichbar, man sehe nacheinander alle Bilder, aber in hohem Maß unabhängig voneinander, ohne eine verlässlich verbindende Gesamtschau. Die sensomotorische Intelligenz strebe allein nach dem Erfolg einer praktischen Handlung, sie habe nichts mit klassifizierender oder gar erklärender Erkenntnis zu tun, sie sei eine gelebte, nicht bewusste Intelligenz.

Der Weg von der sensomotorischen zur begrifflichen Intelligenz ist mehr als anspruchsvoll. Informationsverarbeitungskapazitäten und ein Gedächtnis sind notwendig, um die geringen räumlichen Abstände und die kurzen Zeitabschnitte der sensomotorischen Intelligenz zu überwinden. Der Film darf nicht mehr in Zeitlupe abgespielt werden, erst die Betrachtung in Beschleunigung lässt die Möglichkeit einer Interpretation der Handlung etwa über eine Absicht zu.

Was ein Schreibtisch ist und was eine Schreibsituation ausmacht, kann nur ein Gehirn angeben, das einen Lern- beziehungsweise Sozialisationsprozess durchgemacht hat. Damit ist allerdings die Verstehensfrage noch keineswegs beantwortet. Darf man auf den Roboter das Wort verstehen anwenden, wenn er das richtige Ergebnis anzeigt? Ein kleines Kind kann benennen, wie das heißt, wenn sein Vater an seinem Schreibtisch sitzt und einen länglichen Gegenstand über ein Blatt Papier bewegt. Versteht das kleine Kind, was sein Vater macht?

15. Die Schnittstelle zwischen dem Einzelnen und der Gesellschaft

Wenn in dieser Betrachtung Menschen mit Robotern verglichen werden und über Roboter mit Bewusstsein spekuliert wird, dann sind das nicht Symptome einer individuellen oder sozialen Krankheit, die Robotismus getauft wurde. Es geht weder darum, das Subjektive, wie immer man sich ihm annähert, zu leugnen, noch darum, einen neuen Menschen zu propagieren, der nichts mehr von dem an sich hat, was gewöhnlich unter menschlicher Subjektivität subsumiert wird. Der Mensch ist nicht nur eine Maschine, die Informationen sammelt. Gefühle und Bewusstsein sollen keineswegs eliminiert werden, um etwa einen ›Computerverstand‹ zu erschaffen. Die Computer der Gegenwart haben keinen Verstand, nach keiner Definition von Verstand. Kognitionen, Gefühle und Bewusstsein sollen vielmehr analysiert werden, indem sie mit Robotern und Rechenroutinen verglichen werden.

Es reicht nicht zu sagen, der Mensch unterscheide sich vom Computer, weil nur der Mensch einen inneren Standpunkt einnehme, den des bewussten Subjekts, das fühlt. Ein Mensch kann lieben oder nicht, ein Computer ist nicht in der Lage zu lieben, er kann lediglich Liebesäußerungen simulieren. Die Frage ist: Wie stellt es der Mensch an, dass er als bewusstes Subjekt fühlt? Wie liebt der Mensch? Der Roboter, die Rechenroutinen sind hier mehrfach hilfreich. Sie legen nahe, dass auch das Fühlen und Bewusstsein in irgendeiner Form zusammengesetzt sind, dass mehrere Prozesse eine Rolle spielen, die dann zu dem so einheitlich wirkenden Ergebnis führen. Die Zielvorstellung ist: Man identifiziert die Prozesse, die sich zu menschlichen Kognitionen, zu Gefühlen und schließlich zu Bewusstsein zusammenfügen, und simuliert sie. Dabei dienen gegenwärtige Roboter vor allem als negatives heuristisches Prinzip: So funktioniert der Mensch nicht. Sollte es gelingen, die menschliche Kognition, Gefühle und Bewusstsein in irgendeiner Form nachzubilden, dann ist das Ergebnis eben gerade kein Computerverstand, sondern eine Version des Menschenverstandes.

Den Kundschafter-Roboter ansatzweise sprachlich zu ermächtigen ist keine Kunst. Ihn zu instruieren, entsprechende sprachliche Artefakte zu produzieren, wenn er den Raum mit dem Schreibtisch und dem Menschen auf dem Stuhl davor betritt, der einen roten Stab über eine weiße Fläche hält, während er einen Fuß über dem Boden bewegt. Vielleicht hat man dem Roboter auch eine Liste von bestimmten elementaren menschlichen Verhaltensweisen einprogrammiert, und er äußert hörbar den Satz: Der Mensch schreibt an einem Schreibtisch. Der Roboter hat nicht gelernt, aus der Punktmenge in seinem Gesichtsfeld geometrische Figuren herauszudestillieren und diese unter Arten von Gegenständen zu subsumieren. Er ordnet einfach definierten Konstellationen der Punktmenge in seinem Gesichtsfeld bestimmte sprachliche Artefakte zu. Der Roboter äußert die sprachlichen Artefakte nicht, um von sich aus etwas mitzuteilen. Der Roboter folgt lediglich seinen Programmen, er vollzieht nur Befehle.

Das Gehirn zusammen mit dem Nervensystem ist weder ein Mainframe noch ein Notebook. Im Gegensatz zum Roboter klappert der Mensch keine Listen ab, um festzustellen, was sich in seinem Gesichtsfeld befindet. Als Ergebnis eines Lernprozesses sind bestimmte Bereiche im Gehirn darauf spezialisiert, Gegenstände instantan zu identifizieren. Begibt sich der hypothetische Mensch, jetzt nicht mehr ohne jegliche Erfahrung, in den Raum, lösen die Netzhautbilder die entsprechenden Schaltkreise für den Schreibtisch, den Stuhl, den Menschen, das Schreibgerät und das Papier aus.

Die im Lernprozess gestiftete Beziehung zwischen der raumzeitlichen Position der Sinnesorgane des Menschen und den jeweiligen Kombinationen von Sinneseindrücken überlebt es sogar, wenn sich ihre ursprünglichen Bestandteile ausnahmslos verflüchtigen. Das Überleben wird allerdings erst durch Sprache möglich. Ein Verdienst dekonstruktivistischer Theoriebildung liegt darin, die Aufmerksamkeit auf diesen Punkt gelenkt zu haben. Sprachliche Artefakte ermöglichen die dauerhafte Abwesenheit des Wahrgenommenen, des Inhalts der Wahrnehmung oder besser dessen, was die Wahrnehmung verursacht hat. Genauso ermöglicht das sprachliche Artefakt die dauerhafte Abwesenheit desjenigen, der wahrgenommen hat. Darüber hinaus ist ein vorliegendes sprachliches Artefakt nicht auf die durchgängige Anwesenheit jemandes angewiesen, der es wahrnimmt. Sprache ist nicht nur die Abwesenheit dessen, was angesprochen wird. Sprache ist auch ganz wesentlich die Abwesenheit des Sprechers und des Hörers.

Die Ausstattung des Menschen mit Sensoren und Aktoren zusammen mit der physischen Umwelt, in der der Mensch seine Ausstattung anwendet, bedingen, dass bestimmten außersprachlichen Einheiten bevorzugt sprachliche Artefakte zugeordnet werden. Diese Zuordnung ist eine zentrale Schnittstelle zwischen dem Einzelnen und der Gesellschaft.

Der Mensch ist niemals wirklich allein, immer ist er Einzelner *und* Gesellschaft. Wäre er nur Einzelner, könnte man daran denken, dass er prinzipiell die Menüs für wahrnehmungsbedingtes und geistiges Sehen ohne Zuhilfenahme sprachlicher Artefakte zu handhaben imstande ist. Aber hier ist zu bemerken, dass der Einzelne auch mit sich selbst Verbindung halten muss, mit denjenigen, die er in der Vergangenheit war, und mit denjenigen, die er in Zukunft sein wird. Dazu sind sprachliche Artefakte mindestens nützlich.

Mit der Sprache tritt sofort das *symbol grounding problem* auf: Wie bezieht sich ein sprachliches Artefakt auf Außersprachliches? Jede denkbare Behandlung des *symbol grounding problem* muss die sehr unterschiedlichen Aktionsradien der sehr verschiedenen Akteure Einzelner und Gesellschaft berücksichtigen.

Wann und wie genau kamen sprachliche Artefakte ins Dasein? Darüber gibt es keine auch nur ansatzweise schlüssigen Erkenntnisse. Diese Tatsache hat natürlich dazu beigetragen, dass die Vorstellung von der Sprache als kognitiver Großstruktur transzendentalen Ursprungs derart kultiviert werden konnte. In Bezug auf die biologische Evolution stellt es allerdings eher den Ausnahmefall dar, wenn die Historie einer biologischen Entität präzise nachgezeichnet werden kann.

Welche Wirkung, welche Funktion haben sprachliche Artefakte? Diese Fragen können vernünftig beantwortet werden: Der Mensch teilt die sichtbare Welt auf eine Weise in Gegenstände ein, die ihm nutzt. Würde ihm die Art der Einteilung zu sehr schaden, es gäbe ihn nicht mehr. Die Gegenstände werden durch sprachliche Artefakte markiert. Für die sprachlichen Artefakte gilt das Analoge wie für die Außenwirkungs- und die Innenwirkungsraster auf der Netzhaut: Ein sprachliches Artefakt ist kein Abbild. Sprache bildet nicht Außersprachliches nach. Wie immer, ist auch hier sofort eine Ausnahme von der Regel zu erwähnen. Sprechen und Hören – das lernte der Mensch zuerst –, Schreiben und Lesen, alle

Aktivitäten der Sprache müssen sich im Rahmen der Ausstattung des Menschen mit Sensoren und Aktoren abspielen. In jeder Sprache gibt es lautmalerische Ausdrücke. So etwa die Substantive Matsch im Deutschen und den Austriazismus Gatsch, die das charakteristische Geräusch nachbilden, das vernehmbar wird, wenn sich der Mensch in aufgeweichter Erde fortbewegt.

Das Ziel der Sprache ist nicht, Namen für konkrete oder abstrakte Gegenstände zu verteilen. Der Zweck sprachlicher Artefakte besteht darin, dass sie Handlungsmöglichkeiten für die Einzelnen wie für die Gesellschaft insgesamt transportieren. Ein effizienter Transfer von Handlungsmöglichkeiten ist nur dann möglich, wenn sich die Einzelnen von den von ihnen erschlossenen Handlungsmöglichkeiten abziehen können. Das leistet die Sprache. Dabei trägt die Verwendung sprachlicher Artefakte zwei durchaus unterschiedlichen Anforderungen Rechnung: Der Transfer von Handlungsmöglichkeiten muss sowohl dem Einzelnen als auch der Gesellschaft nutzen. Nutzen bedeutet für den Einzelnen wie für die Gesellschaft weiterexistieren. Gründlich schaden meint nicht mehr existieren.

Es gibt keinen Zweck der Gesellschaft. Doch, es gibt einen Zweck der Gesellschaft. Der Zweck der Gesellschaft besteht darin, dass die Mitglieder zusammenarbeiten. Der Zweck der Gesellschaft besteht nicht darin, dass die Mitglieder zusammenarbeiten. Sondern darin, dass sie zusammen arbeiten. Dass die Art und Weise ziemlich egal ist, führen zahlreiche, nach unseren heutigen Maßstäben nahezu unbegreifliche Gesellschaften der Historie vor. Dass die Art und Weise keineswegs völlig egal ist, zeigt der Siegeszug der westlichen Gesellschaft, die sich in nicht immer ganz begreifliche Untergesellschaften gliedert. Gibt es den Einzelnen nicht mehr, gibt es auch keine Gesellschaft mehr. Gleichwohl ist eine so hochgradige Verstreuung von Einzelnen denkbar, dass diese keine Gesellschaft mehr bilden. Die transferierbaren Handlungsmöglichkeiten müssen auch der Gesellschaft in dem Sinn nutzen, dass sie deren Bildung und deren Fortbestehen aktiv fördern.

Was das Abschneiden des Einzelnen im Kampf gegen die widrige Umwelt betrifft, so wird das Urteil in der Regel zügig gefällt. Handlungen, die das Aus zum Ergebnis haben, führen schnell dazu, dass die entsprechenden Handlungsmöglichkeiten keine mehr sind. Handlungsmöglichkeiten, die zu Gesellschaftsbildung führen, erfordern grundsätzlich eine längere Verfahrensdauer. Wenn vorwiegend Handlungsmöglichkeiten realisiert werden, die im Kampf der Einzelnen gegeneinander bestehen, dann wird es eine solche Gesellschaft nicht lange geben. Insbesondere, wenn eine andere Gesellschaft, die auf dieselben Ressourcen angewiesen ist, sich innerhalb ihres Bereichs kooperativer Verhaltensweisen befleißigt. Der Einzelne kann sich klug nach den Maßstäben seiner Gesellschaft anstellen. Die Gesellschaft als Ganzes kann sich nicht klug anstellen. Es gibt sie weiter oder nicht.

Natürlich existieren zahlreiche andere Schnittstellen zwischen dem Einzelnen und der Gesellschaft. Aber keine andere Schnittstelle ist so folgenreich wie diejenige, die in der Zuordnung von sprachlichen Artefakten zu außersprachlichen Einheiten besteht. Die überwiegende Mehrzahl der Heuristiken und Methoden, welche die Gesellschaft anwendet, um sich nach Möglichkeit wiederzuerkennen, bedient sich dieser Schnittstelle. Keine andere Schnittstelle eröffnet der Gesellschaft so viele Optionen.

Sub specie aeternitatis sind sprachliche Artefakte austauschbarer Schall und Rauch. Welches sprachliche Artefakt welcher außersprachlichen Einheit zugeordnet ist, ergibt sich aus Konvention und beziehungsweise oder Willkür. Ist jedoch einmal ein sprachliches Artefakt in Verwendung, können weitere sprachliche Artefakte nicht beliebig in Umlauf kommen.

16. Die Schnittstelle zwischen Innenwelt und Außenwelt

Die Konkrete Poesie war die Speerspitze einer Denklinie, die Sprache und Welt gleichsetzt. Was von Wissenschaft und Literatur behauptet wird, sei das Sagbare. Es existiere nur das, was gesagt werden kann, und nichts anderes. Das Sagbare lege fest, was es überhaupt gibt. Dinge, Menschen und Ideen, die nicht bezeichnet werden oder bezeichnet werden können, existierten nicht. Das sollte auch für die Gefühlswelt gelten. Empfindungen und Erlebnisse, die nicht benannt werden oder benannt werden können, seien keine. Sprache speichere die Wirklichkeit, jede Veränderung der Sprache qua Wissenschaft oder Literatur bedeute eine Veränderung der Weltinterpretation.

Sprache sei das letzte Reduzierbare und die letzte Ebene der Reduktion. Das Sprachmaterial schichte sich selbst um. In der Montage, im Cut-up sollte die Sprache ihr eigenes Funktionieren offenlegen, sich selbst erkennen. Man müsse die Sprache nur von ihren Fesseln befreien, dann spreche sie für sich selbst. Das Aufbewahrungssystem Sprache benötige eigentlich kein Personal. Die

Aufgabe des Autors bestehe nicht darin, irgendetwas auszudrücken, sondern Methoden bereitzustellen. Der Autor *sei* Methode, nichts sonst. Deswegen hat der deutsche Hauptvertreter der Konkreten Sprachtheorie auch einen Roman über das Ende eines französischen Enzyklopädisten verfasst, dessen Bestandteile allein Zitate und Zitat-Umstellungen sind. Das erklärte Ziel des Autors bestand darin, ein Buch zu schreiben, das nicht von ihm stammte.

Die Konkrete Sprachtheorie behauptete, wir bestehen aus Wörtern, aus Sätzen, aus Sprachmaterial. Dieser ontologische Irrtum ist zwar längst eingesehen, aber seine Residuen geistern immer noch durch die Literatur über die Literatur. Zwei Killerargumente werden gewöhnlich angeführt, warum die konkrete Sprachtheorie philosophisch nicht funktioniert. Zum einen gibt es jede Menge Wahrnehmungen der Außen- wie der Innenwelt, die schlecht oder gar nicht sprachlich ausgedrückt werden können, von denen man nicht gut reden kann, die aber sowohl subjektiv für den Wahrnehmenden als auch objektiv physiologisch belegt sind. Nach der Konkreten Sprachtheorie existieren diese Wahrnehmungen nicht, weil sie keine Namen haben. Das andere Argument wird gern so formuliert, dass der Gebrauch von Sprache die Sprache transzendiere. Rechnet man grundsätzlich den Gebrauch der Sprache zur Sprache dazu, muss das Argument umformuliert werden. Sprache transportiert Handlungsmöglichkeiten. Eine Unterklasse von Handlungsmöglichkeiten hat

damit zu tun, dass und wie sich Sprache auf Außersprachliches bezieht. Es geht hier nicht darum, ob und
wie Außersprachliches gegeben oder nicht gegeben ist,
auch an dieser Stelle braucht keine Realismus-Debatte
eröffnet zu werden. Die Gleichsetzung von Sprache
und Welt eliminiert absurderweise alle diese Handlungsmöglichkeiten, denn dann gibt es ja keine Differenz zwischen Sprache und Welt. Es gibt nur Namen,
die auf nichts anderes verweisen, die sich also auf sich
selbst beziehen. Der Konkrete Sprachirrtum verbietet
alle metaphorischen Aktivitäten, die zum Ziel haben,
eine Empfindung auszudrücken, für die noch kein Wort
oder Begriff existiert.

Das mit der Konkreten Poesie verbundene Programm,
das Gesicht der Literatur zu verändern, ist total gescheitert. Nichtsdestotrotz hat die Konkrete Sprachtheorie
schöne Texte – Textbücher – hervorgebracht. Der Reiz
dieser Texte besteht allerdings nicht darin, dass es ihnen
gelänge, die Theorie zu exekutieren. Vielmehr haben
sie einen Effekt, welcher der Theorie diametral widerspricht: Sie bieten nämlich, und das ist das eigentlich
Bemerkenswerte an ihnen, eine Fülle von neuen Metaphern an. Allerdings nur dem, der bereit ist, sie als solche
zu sehen, der sich seine Handlungsmöglichkeiten nicht
von der Konkreten Sprachtheorie beschneiden lässt.

Wir sind nicht aus Wörtern oder Sätzen zusammengesetzt. Der Mensch ist kein Lexikon und keine Enzyklopädie. Aber wir bestehen auch nicht aus etwas Tieferem,

dessen Oberfläche wir mit Worten zu erfassen suchten. Die Worte wachsen nicht aus einem Ungeschiedenen in der Innenwelt, sie stellen keinen Behelf bei einer inneren Entwirrung dar. Wären die Worte nicht verfügbar, es gäbe keinen inneren Entwirrungsbedarf.

Der Gedanke, die Bedeutung eines Wortes sei sein Gebrauch in der Sprache, weist insofern in die richtige Richtung, als er von der unseligen Fixierung auf eine isolierte Beziehung des Wortes zu etwas Außersprachlichem, etwa zu einer Vorstellung, wegführt. Aber was ist der Gebrauch? Wenn dieser lediglich als Zug im Sprachspiel begriffen werden soll, dann ist das ein Backlash. Das Sprachspiel, das Sprechen der Sprache als Bestandteil einer Tätigkeit oder Baustein einer Lebensform, ist vor allem Konvention und somit extrem kontingent. Wir sind auch nicht lediglich Oberfläche. Die Fixierung auf die Verbindung von sprachlichen Artefakten mit Vorstellungen der Innenwelt und die Fixierung auf die Konventionen des Sprachspiels sind gleichermaßen unfruchtbar. Es gibt keine Notwendigkeit, dass sprachlichen Artefakten grundsätzlich innere Vorstellungen zugeordnet sein müssen. Aber es reicht auch nicht, bei der Diagnose Konvention haltzumachen. Selbst wenn es gute Gründe für bestimmte Konventionen gibt. Die Vorgänge der Innenwelt müssen sich auf irgendeine Weise mit dem Gebrauch des jeweiligen sprachlichen Artefakts in der Außenwelt treffen.

Für den allereinfachsten Fall, die Einteilung der sichtbaren Welt in Gegenstände, lässt sich die Schnittstelle zwischen der Innenwelt des Einzelnen und der Außenwelt so beschreiben: Der Zuordnung zwischen sprachlichem Artefakt und Außersprachlichem muss eine nachvollziehbare Konstellation aus der raumzeitlichen Position der Sinnesorgane des Einzelnen und einer jeweiligen Kombination von Sinneseindrücken entsprechen.

Nach dem Vorangegangenen ist klar, dass die Kombination von Sinneseindrücken sowohl Ergebnis von Außen- wie von Innenwirkung sein darf. Mit einem sprachlichen Artefakt kann eine innere Vorstellung verbunden sein, eine solche Verbindung ist jedoch nicht zwingend. Innere Vorstellungen können unter anderem aus sprachlichen Artefakten bestehen. Auf gar keinen Fall sind innere Vorstellungen grundsätzlich mit sprachlichen Artefakten identisch. Das kann jeder herausfinden, der sich beim geistigen Sehen und beim Nachdenken selbst beobachtet. Wenn innere Vorstellungen immer aus sprachlichen Artefakten bestehen würden, wäre es nicht so schwierig, das, was man bei einer skrupulösen Selbstbeobachtung erlebt, mit sprachlichen Artefakten zu belegen. Man unternehme es einmal, einen gewöhnlichen Würfel im Geist zu manipulieren, ihn zu drehen, sich um ihn herum zu bewegen. Dann versuche man, zu beschreiben, was man dabei mit dem inneren Auge sieht und welche Gefühle man dabei hat.

Es gibt jede Menge Denken, welches nichtsprachlicher Natur ist. Der Erkunder der Tiefe der Jahre, das Renommierpferd der österreichischen Literatur nach dem Zweiten Weltkrieg – so sein Folger, der Urheber der Auslöschung –, sprach vom prägrammatischen Raum. Der zuerst zitierte Schriftsteller empfahl, sich so lange wie möglich in dem prägrammatischen Raum aufzuhalten. Der österreichische Schriftsteller, der vielleicht nicht Mitteleuropa, aber sicher die Literatur in Mitteleuropa verbessert hat, gibt in der Gegenwart den gleichen Rat. Aber die Motivationen der beiden sind denkbar unterschiedlich. Der Ältere glaubte an die Kunst und dass sie darin besteht, das Erlebte nicht voreilig zu gliedern und zu benennen. Der Jüngere glaubt nicht an die Kunst. Sie ist ihm nicht mehr als ein Hilfsmittel bei der Erkundung von Denkprozessen.

Die Genese des grammatischen aus dem prägrammatischen Raum, die Zuordnung von sprachlichen Artefakten zu außersprachlichen Einheiten aus der Innenwelt bilden ein weites und nahezu unerforschtes Feld. Der Roman ist als einziges Format dazu in der Lage, die beiden Parteien dieser konfliktreichen Beziehung gleichrangig zu behandeln. Je nach Gusto ermöglicht er den Blick von innen nach außen, den Blick von außen nach innen, einen gleichberechtigten Blick auf Innen und Außen sowie natürlich alle denkbaren Blickspiele.

Sind innere Vorstellungen intentionale Akte? Die Frage wurde früher heiß diskutiert. Wenn man wahrneh-

mungsbedingtes und geistiges Sehen als gleichberechtigte Menüs auffasst, dann ist das Betrachten eines
bestimmten Gegenstands genauso intentional oder
nicht intentional wie die Produktion einer bestimmten
inneren Vorstellung. Die Behandlung der Frage hängt
davon ab, welche Position man bezüglich des Problems
des freien Willens einnimmt.

17. Apropos Innenwelt

Eine bildverliebte Unterart von Neurowissenschaftlern erweckt beim Publikum und bei den für die Forschungsförderung zuständigen Gremien den Eindruck, man könne ins menschliche Gehirn hineinschauen und verfolgen, wie und was es wahrnimmt, empfindet und denkt. Die Methode der Wahl für das Neuro-Imaging ist die Magnetresonanztomographie. Die Theorie geht ganz einfach: Mit jeder Wahrnehmung, mit jeder Empfindung und mit jedem Gedanken sei ein einzigartiges, unverwechselbares Muster der Hirnaktivität verbunden, das durch die MRT identifiziert wird. Auf diese Weise könne man etwa herausfinden, ob eine Erinnerung realitätsbasiert ist oder nicht. Damit ließe sich nachprüfen, ob jemand in einer bestimmten Angelegenheit die Wahrheit sagt oder ob er lügt.

Wenn das so einfach wäre. Die Kernspin-Untersuchung misst nicht etwa direkt die neuronale Aktivität von Hirnzellen, sondern den Sauerstoffgehalt des Gehirnbluts. Steigt das neuronale Aktivitätsniveau in einem bestimmten Gehirngebiet, erhöht sich dort der Sauerstoffgehalt des Blutes. Das Gehirn wird zur Messung in bis zu 40000 würfelförmige Gebiete unterteilt. Die Messwerte werden dann üblicherweise, wie es heißt, visualisiert: Die Gehirnbilder zeigen nicht etwa das Gehirn einer Versuchsperson, sondern ein Standardgehirn, in dem die Zonen erhöhter neuronaler Aktivität farbig markiert sind. Wird einer Versuchsperson in der Röhre ein Bild gezeigt, dauert es im Übrigen eine bestimmte Zeit, ehe sich in einem Gehirngebiet als Reaktion darauf eine erhöhte neuronale Aktivität ergibt. Diese Zeitverzögerung muss immer berücksichtigt werden.

Zwar behaupten die Verfechter des Neuro-Imaging nicht, sie könnten Wahrnehmungen, Empfindungen und Gedanken direkt messen. Aber die Vorstellung, es gebe eine Eins-zu-eins-Abbildung zwischen Gedanken, Empfindungen sowie Wahrnehmungen auf der einen und Hirnaktivitätsmustern auf der anderen Seite – in der Sprache der Kategorientheorie: einen Isomorphismus –, ist eine Chimäre. Sehr wahrscheinlich existiert eine solche Zuordnung nicht einmal für den Einzelnen. Für bestimmte Empfindungen ist nicht auszuschließen, dass ein und dieselbe Empfindung in verschiedenen Gehirngebieten oder mittels verschiedener Aktivitätsmuster erzeugt werden kann.

Die Sache scheitert endgültig, wenn Versuchspersonen miteinander verglichen werden. Zwei Personen wird dasselbe Bild gezeigt. Weisen sie die gleichen Hirnaktivitäten in den gleichen Zonen auf, besagt das nichts

Definitives. Es steht ja nicht einmal fest, ob beide sich wirklich auf das Bild konzentriert haben. Vielleicht hat eine Versuchsperson an etwas ganz anderes gedacht, während sie auf das Bild geblickt hat, aber sie will es nicht zugeben. Haben sich beide auf das Bild konzentriert, ist nicht gewährleistet, dass beide das Bild gleich verstehen. Ergeben sich für beide Versuchspersonen unterschiedliche Hirnaktivitäten, bedeutet das nicht notwendigerweise, dass sie das Bild unterschiedlich verstehen. Vielleicht sind die Abläufe ihrer Verstehensprozesse unterschiedlich, aber sie kommen zum gleichen Ergebnis.

Ein seriöser Versuch, mehr über das Denken herauszufinden, ist das Human Brain Project, an dem weltweit 130 Universitäten beteiligt sind. Ziel ist die virtuelle Nachbildung des gesamten menschlichen Gehirns mit seinen hundert Milliarden Neuronen auf Computern. Sämtliche Abläufe von der Ebene des einzelnen Neurons bis zum Gehirn als Ganzem sollen nachvollzogen werden.

Es ist unmöglich, sämtliche Verbindungen der hundert Billionen Synapsen des Gehirns entsprechend einem statischen Konstruktionsplan virtuell nachzubilden, weil man sie nicht alle erfassen kann. Außerdem wäre der Energiebedarf dafür so groß wie derjenige einer Kleinstadt, wogegen das menschliche Gehirn nur die Energie einer schwachen Glühbirne verbraucht. Die erfolgversprechende Strategie scheint darin zu bestehen, einen

164

dynamischen Konstruktionsplan zu erstellen, der sowohl die biologische Evolution des Gehirns als auch die Entwicklung jedes einzelnen Exemplars vom Fötus bis zum Erwachsenen nachvollzieht. Die Rechengeschwindigkeit heutiger Computer wird in Petaflops gemessen, das sind jeweils eine Billiarde Gleitkommaoperationen, also einfacher Berechnungen, pro Sekunde. Die erfolgversprechende Simulation benötigt Computer mit Rechenleistungen, die sich im Bereich von Exaflops bewegen, Trillionen von Rechenschritten pro Sekunde. Solche Computer existieren noch nicht, aber im Jahr 2020 soll es sie nach allen Prognosen geben.

Im Jahr 2005 benötigte man zur Simulation einer einzelnen Nervenzelle einen Mainframe und zwei Mannjahre. Mittlerweile ist die virtuelle Nachbildung einer kortikalen Säule geglückt. Das ist ein Zylinder von einem halben Millimeter Durchmesser und 1,5 Millimeter Höhe aus dem Gewebe der Hirnrinde. Eine kortikale Säule besteht aus einigen zehntausend Neuronen, diese gehören jeweils zu einem von mehreren hundert Neuronentypen.

Der Plan ist: Das virtuelle Gehirn soll mit virtuellen Sensoren und Aktoren ausgestattet werden, es wird also über einen virtuellen Körper verfügen. Dieser Körper tritt mit einer künstlichen Umgebung in Interaktion. Das Gehirn nimmt Informationen aus seiner Umwelt auf und reagiert auf sie. In diesem Stadium sollen ihm Wissen und Fertigkeiten vermittelt werden.

Die Frage ist: Entwickelt das virtuelle Gehirn dann auch Bewusstsein beziehungsweise Persönlichkeit?

Wer nicht spekulieren möchte, sondern wissen will, was und wie Menschen denken, ist bis auf Weiteres auf Selbstauskünfte der Menschen und auf Romane angewiesen. Wobei auch der Roman eine Selbstauskunft ist: der Gesellschaft.

18. Die Lebenssituation

Der hypothetische Mensch strukturiert sein Gesichtsfeld mittels Sehens und Tastens. Er teilt das Gesichtsfeld in räumliche Gegenstände ein, und er ist imstande, seine Erfahrungen mit sprachlichen Artefakten zu belegen, ohne dass er irgendeine Ahnung haben müsste, welche die Funktionen der räumlichen Gegenstände sind, was sie tun oder nicht tun, welcher der Zusammenhang zwischen den Gegenständen ist. Der hypothetische Mensch wie der Kundschafter-Roboter mögen dieselben sprachlichen Artefakte »Schreibtisch«, »Stuhl«, »Mensch« verwenden. Der hypothetische Mensch ist genauso wissend oder unwissend wie der Kundschafter-Roboter. Der Unterschied besteht darin, dass dem Roboter die Zuordnung kurz und schmerzlos einprogrammiert wurde, während der hypothetische Mensch aktiv und für sich gelernt hat.

Ein nicht-hypothetischer Mensch kommt in den Raum. Er belegt, was er sieht, mit denselben sprachlichen Artefakten »Schreibtisch«, »Stuhl«, »Mensch« wie der hypothetische Mensch und der Roboter. Wie hat der nichthypothetische Mensch gelernt, aus dem Raster in seinem Gesichtsfeld geometrische Figuren herauszudestillieren und diese unter Arten von Gegenständen zu subsumieren? Gar nicht. Oder nur dann, wenn er als Versuchsperson an einem wahrnehmungspsychologischen Experiment teilgenommen hat.

Ein nicht-hypothetischer Mensch, der das beschriebene Zimmer betritt, erschließt das, was sich in dem Zimmer befindet, aus der Lebenssituation, die sich ihm dort darbietet. Die einschlägige Lebenssituation ist die jemandes, der am Schreibtisch sitzt und schreibt. Mit einem roten Bleistift, Kugelschreiber oder Füller, vielleicht auch mit einem Filzstift, auf weißem Papier. Also eine Schreibsituation.

Aus der Sicht des Einzelnen umfasst die innere Lebenssituation den physiologischen und den geistigen Zustand des Menschen. Die äußere Lebenssituation besteht in einer zeitlichen Auswahl aus seinen Beziehungen zu den Dingen, die ihn umgeben, und zu anderen Einzelnen. In der Perspektive der Gesellschaft ist die Lebenssituation ein Ausschnitt aus der gemeinsamen Wirklichkeit, welche die Mitglieder einer Gesellschaft produzieren. Das Adjektiv gemeinsam soll dabei keineswegs etwa in Richtung eines Konsens weisen. Vielmehr wird die Lebenssituation einfach durch aufeinanderbezogene Handlungen der gesellschaftlichen Akteure hergestellt.

Der Roboter wurde von Menschen oder von anderen Robotern ersonnen und von diesen aus Teilen zusammengesetzt. Nur der endgültige Roboter ist ein Roboter, die Vorstufen waren keine Roboter. Der Roboter ist die Ausführung des Plans von jemand anderem. Der Mensch ist immer Abkömmling eines anderen Menschen. Er ist nicht ersonnen, zwar zusammengesetzt, aber nicht von jemand anderem. Jede Vorstufe des Menschen war auch ein Mensch, es gibt keine ganz andersartigen Zwischenglieder. Der Mensch ist nicht die Ausführung irgendeines Plans, schon gar nicht aus der Transzendenz. Deswegen kommt für den Menschen immer zuerst die Lebenssituation und danach alles andere, wie etwa die Geometrie. Hätte nicht die Lebenssituation Priorität, der Mensch hätte kein Leben mehr. Der Roboter hat jemand anderen, der ihn repariert. Der Mensch muss sich als Einzelner oder als Gesellschaft selbst reparieren.

Die Raster im Gesichtsfeld in Gegenstände einteilen und den Gegenständen Namen geben – wenn das alles wäre, wenn Sprache so einfach wäre ... Lediglich ein Bruchteil der verfügbaren sprachlichen Artefakte bezieht sich auf die sichtbare Welt. Für die überwiegende Mehrzahl der sprachlichen Artefakte kann es keine eindeutige Konstellation aus raumzeitlichen Positionen der Sinnesorgane eines Einzelnen und jeweiligen Kombinationen von Sinneseindrücken geben. Abstrakte oder theoretische Begriffe lassen sich auch nicht eindeutig aus Wahrnehmungsbegriffen ableiten, das lehrt die Geschichte der analytischen Philosophie.

Die Bildung abstrakter Begriffe erfolgt auf weit komplexere Weise als diejenige von Wahrnehmungsbegriffen. Der Prozess spielt sich jedoch grundsätzlich unter den gleichen Rahmenbedingen ab und wird von den gleichen Faktoren determiniert, allerdings in anderer Gewichtung. Auch abstrakte Begriffe müssen in irgendeiner Form über Wirkungsketten mit den Sensoren und Aktoren der Einzelnen in Verbindung stehen. Sonst kämen sie gar nicht ins Leben oder blieben nicht dort. Was sollten Begriffe, die keinerlei Bezug zur Ausstattung und zu den Fähigkeiten des Menschen und der Gesellschaft haben, in der Welt? Wozu wären sie gut? Kann es solche Begriffe überhaupt geben? Abstrakte Begriffe müssen ebenfalls einen Nutzen für den Einzelnen wie für die Gemeinschaft bergen, der zunächst darin besteht, die Handlungsmöglichkeiten des Einzelnen und beziehungsweise oder der Gesellschaft zu vergrößern.

Darüber hinaus spielt ein Faktor eine entscheidende Rolle, der bis jetzt noch überhaupt nicht berücksichtigt ist: die Rückwirkung sprachlicher Artefakte. Sind sprachliche Artefakte einmal in der Welt, wirken sie auf die Welt zurück. Sprachliche Artefakte fokussieren die Wahrnehmung, das ist ihre elementare Wirkung. Der Mensch mit Erfahrung guckt beim Betreten des Raums nicht irgendwohin, sondern fixiert den Schreibtisch und das, was an ihm passiert. Nicht minder elementar: Sprachliche Artefakte parallelisieren die Wahrnehmung. Der nächste Mensch mit Erfahrung, der den Raum betritt, wird ebenfalls keine Löcher in die Luft starren, sondern seine Aufmerksamkeit gleichermaßen dem Schreibtisch widmen. Ansatzloser Sprung auf die abstrakte Ebene: Sprachliche Artefakte ordnen die Handlungsmöglichkeiten und damit auch die tatsächlichen Handlungen der Mitglieder einer Gesellschaft. Ordnung muss dabei keineswegs Kooperation heißen.

Sprachliche Artefakte wirken auch auf sich selbst zurück. Bereits im Kontext der Wahrnehmung kann man beobachten, auf welche Weise sprachliche Artefakte zu neuen sprachlichen Artefakten kombiniert werden, wie die Neuschöpfungen die Altschöpfungen verändern. Jede neue Metapher ist eine Rückwirkung der Sprache auf sich selbst, jedes Verblassen einer Metapher natürlich ebenfalls.

Es sei ins Gedächtnis gerufen, dass die Figur vor dem Schreibtisch nicht nur ein rotes Schreibwerkzeug über das weiße Papier führt, sondern auch einen Fuß bewegt. Der Mensch am Schreibtisch – schreibt er wirklich, oder tut er nur so? Zeichnen sich auf dem Papier Spuren des Schreibgeräts ab? Wenn ja, sind es Schriftzeichen oder Kritzeleien? Dazu tippt er in schneller Abfolge mit den Zehen des rechten Fußes auf den Boden, wobei die Ferse auf dem Boden bleibt. Ob der Mensch am Schreibtisch schreibt oder nur so tut, lässt sich zweifelsfrei herausfinden. Die Identifizierung der Tätigkeit Schreiben kann im Prinzip modelliert werden wie die Aufteilung des Gesichtsfelds in Gegenstände. Die Sache wird lediglich komplexer durch die beim

Schreibvorgang notwendigerweise zu vollführende Bewegung. Die Frage nach Schriftzeichen oder Gekritzel ist ebenfalls zu beantworten.

Aber das Wippen mit dem Fuß. Dem eintretenden Beobachter, er sei mit aller Erfahrung unseres Kulturkreises ausgerüstet, fällt als Erstes ein: Der Mann – selbstverständlich könnte es genauso gut eine Frau sein – am Schreibtisch ist nervös. Das Wort nervös ist natürlich nur ein *dummy tag*. Jetzt gibt es nur noch Fragen: Ist der Mann generell nervös, oder hat er sich gerade in diesem Augenblick aufgeregt? Ist er ungeduldig oder zornig? Hat seine Erregung mit dem zu tun, was er schreibt? Hat er ein Gefühl des Ungenügens beim Schreiben, ist er deshalb unzufrieden mit sich und der Welt? Ist er zornig und ungeduldig, weil ihm nichts gelingt? Oder ist gerade das Gegenteil der Fall, es läuft glänzend, ihm gelingt alles, er ist bester Stimmung und nur ungeduldig, weil er seine Gedanken gar nicht schnell genug zu Papier bringen kann?

Hat der Mann am Schreibtisch überhaupt bemerkt, dass jemand anderes im Raum ist? Hat seine Erregung mit der Tatsache zu tun, dass er beobachtet wird? Zeigt er seine Erregung, weil er nicht beobachtet werden möchte und erreichen will, dass der Beobachter den Raum schnell verlässt? Kennt er den Eintretenden? Will er nur von dem Eintretenden nicht beobachtet werden? Hat seine Erregung lediglich etwas mit dem Eintretenden und überhaupt nichts mit seiner augenblicklichen

Tätigkeit zu tun? Ist er aus ganz anderen Gründen erregt, die rein gar keine Beziehung zu seiner augenblicklichen Tätigkeit oder dem Eintretenden haben? Ist der Schreibende weder zornig noch ungeduldig, leidet er vielleicht am Restless-Legs-Syndrom?

Der Ausdruck und das Verstehen von Gefühlen erfolgt immer im Rahmen einer Lebenssituation. Die Lebenssituation ist in der Kultur der jeweiligen Gesellschaft verankert. Selbst einfachste Lebenssituationen mobilisieren, wie das Beispiel zeigt, einen nicht geringen Teil dieser Kultur. Sprachliche Artefakte, die mit Gefühlen zu tun haben, sind aus Lebenssituationen heraus entstanden, sie verändern sich mit den Lebenssituationen, und sie wirken auf die Gefühle zurück. Gefühlsbegriffe können nicht in dem Sinn objektiviert werden, dass sie etwa nach dem Vorbild der Einteilung der sichtbaren Welt in Gegenstände modelliert werden. Es ist schlichtweg selbstwidersprüchlich, Gefühlsbegriffe zu denken, ohne die Lebenssituationen mitzudenken, in denen sie eine Rolle spielen.

Wie immer, folgt die Ausnahme auf dem Fuß: der Schmerz. Der Ausdruck von körperlichem Schmerz ist tief biologisch verankert und setzt keine Sprache voraus. Es ist eine Geschmacksfrage, ob man Tiergemeinschaften als rudimentäre Gesellschaften ansehen will oder nicht. In jedem Fall ist der Ausdruck von körperlichem Schmerz weniger variabel als derjenige anderer Empfindungen. Die Ausnahme von der Ausnahme besteht darin, dass auch Tiere imstande sind zu täuschen, selbst dazu, Schmerz vorzutäuschen.

Wie sind Lebenssituationen zu beschreiben? Es ist unsinnig, so zu tun, als gäbe es dafür ein Patentrezept. Welche sind die Komponenten von Lebenssituationen, wie funktionieren Lebenssituationen? Natur- wie Geisteswissenschaften untersuchen Lebenssituationen unter den verschiedensten, aber grundsätzlich voneinander separierten und isolierten Perspektiven. Die Künste beziehen sich in gleichermaßen voneinander geschiedenen Weisen auf Lebenssituationen. Je nach wissenschaftlichem oder künstlerischem Ansatz sind die Bestandteile von Lebenssituationen völlig andere, und sie gehorchen jeweils völlig andersartigen Gesetzen. Von den Wissenschaften her gedacht, mag eine Lebenssituation etwa eine psychologische, eine soziale, eine ökonomische Komponente haben. Eine Abfolge von Lebenssituationen könnte den Historiker interessieren. Aus einer ästhetischen Grundeinstellung heraus mögen sich literarische Korrespondenzen und solche zu den bildenden Künsten ergeben. Es steht jedem völlig frei, in die Tiefe oder in die Breite zu gehen. Der eine konzentriert sich auf einen Gesichtspunkt und vertieft die Betrachtung unter Hintanstellung anderer Perspektiven, der andere erstellt sich seine höchstpersönliche Kombination aus nur mäßig vertieften Betrachtungen unter verschiedenen Blickwinkeln.

Existiert eine Instanz mit deutlich längerem Atem als die Tageszeitung, das Internetportal oder die Talkshow, welche die Integration der verschiedenen Perspektiven fördert? Die Gesellschaft muss sich wiedererkennen. Integration meint hier auf gar keinen Fall Vereinheitlichung. Es geht nicht darum, dass sich die verschiedenen Ansätze angleichen müssten oder dass sie in einer bestimmten oktroyierten Weise kompatibel sein müssten. Aber es muss irgendeine Art von Kontakt, von Interaktion zwischen den Perspektiven geben, sonst braucht die Frage gar nicht erst gestellt zu werden, ob sich die Gesellschaft wiedererkennt. Die Wissenschaften können per definitionem keine entsprechenden Attraktoren anbieten, ihr Prinzip ist ja gerade das der Konzentration auf ein ganz bestimmtes, genau begrenztes Feld von Unsicherheit. Was die Kunst betrifft, kommen nur solche Sorten in Frage, die sprachliche Artefakte als Komponenten haben. Doch, auch die Literatur löst Probleme. Natürlich läuft alles auf den Roman hinaus: Der Roman ist der wirkmächtigste Attraktor für die effiziente Erfassung von Lebenssituationen in ihrer gesamten Komplexität. Im Roman treffen sich die verschiedensten Perspektiven, unter denen Lebenssituationen betrachtet werden können.

Andere Attraktoren für Lebenssituationen und deren Betrachtung unter verschiedenen Blickwinkeln sind natürlich Opern, Operetten, Theaterstücke, Filme, Fernsehserien, Comics, heilige Schriften und Rechtstexte, Ratgeber, Essays, Tagebücher, Blogs und überhaupt

Werbetexte, Gedichte, Lieder und Storys. Werden sprachliche Artefakte mit Bildern und beziehungsweise oder Klängen gekoppelt, entwertet das tendenziell die Rolle der Ersteren. Das muss noch kein Drama bedeuten. Aber es hat unvermeidlich den Effekt, dass der Grad vermittelbarer Komplexität geringer wird. Zweckgebundene Formen reduzieren die Komplexität einer Lebenssituation radikal. Die Zweckfreiheit macht den Roman bei einer so wenig vorstrukturierten Aufgabe wie der unvoreingenommenen Erfassung von Lebenssituationen grenzenlos überlegen.

Es ist nicht die Aufgabe des Romans, eine wissenschaftliche Theorie oder eine philosophische Betrachtung in ihren Einzelheiten auszubreiten und damit etwas oder gleich die ganze Welt zu erklären. Die wissenschaftliche Erklärung leitet Einzeltatsachen aus allgemeinen Gesetzen ab. Eine wissenschaftliche Erklärung ist immer auch ein Beweis. Ein Roman enthält keine Beweise. Die Romane der Weltliteratur haben jedoch häufig eine Erklärungsfunktion. Der Roman verknüpft allgemeine Gesetzmäßigkeiten und einzelne Tatsachen nicht lediglich unter dem Gesichtspunkt logischer Folgebeziehungen. Romane machen Zustände und Ereignisse zugänglich, durchsichtig und begreifbar. Dabei spielen wissenschaftliche Theorien manchmal, philosophische Grundannahmen häufig eine Rolle. Der Erzähler kann Theoriebausteine anbieten, oft ergeben sie sich in der Figurenrede. Die Theoriebausteine müssen nicht explizit angeführt werden. Sie können in Gleichnissen gegenwärtig sein oder sich in der Struktur der Handlung ausdrücken. Allen diesen Möglichkeiten tut es gut, wenn der Grad an vermittelbarer Komplexität nicht begrenzt wird.

19. Selbstbeobachtung

Literatur löst noch mehr Probleme. Es gibt keine zwei Menschen auf dem Planeten Terra, die in Bezug auf ein sprachliches Artefakt genau den gleichen Assoziationszusammenhang aufweisen. Die mit dem sprachlichen Artefakt dieselben Verweise auf Bestandteile der Außenwelt und die gleichen Handlungsmöglichkeiten verbinden. Natürlich können zwei Menschen mit ein und demselben sprachlichen Artefakt niemals dieselben Verweise auf ihre Innenwelt verknüpfen oder dieselben Handlungsmöglichkeiten aktualisieren, hier sind nur Analogien möglich. Die Unterschiede im Assoziationszusammenhang machen einen wesentlichen Teil dessen aus, was konventionell als Charakter oder Persönlichkeit eines Menschen bezeichnet wird.

Damit Einzelne überhaupt miteinander Verbindung aufnehmen können, müssen sich ihre Assoziationszusammenhänge überschneiden. Wenn man es denn so ausdrücken will, spricht jeder Sprecher seine eigene Sprache, die sich aus einem öffentlichen und einem privaten Teil zusammensetzt: Die Schnittmenge des Assoziationszusammenhangs mit anderen Assoziationszusammenhängen bildet den öffentlichen Teil, der Rest den privaten Teil. Eine solche Begrifflichkeit hat allerdings zwingend zur Folge, dass jede Form von sprachlichem Austausch einen Akt des Übersetzens notwendig macht. Der Empfänger einer Sprachbotschaft muss diese von der Sprache des Senders in seine eigene übertragen. Das Übersetzungsproblem wird immer wieder gelöst, ohne dass dafür Rezepte angebbar wären.

Der Assoziationszusammenhang des Einzelnen ändert sich mit jeder neuen Erfahrung, die er macht, damit verändert sich seine Sprache ständig. Der Einzelne muss das imaginäre Wörterbuch, mit dem er die Äußerungen der anderen Einzelnen übersetzt, laufend redigieren. Strenggenommen ist jedes sprachliche Artefakt, das jemand zu einem bestimmten Zeitpunkt an einen anderen oder an sich selbst adressiert, Bestandteil eines einmaligen, nie dagewesenen und nicht wiederholbaren Sprechaktes.

Damit die Einzelnen Verbindung zueinander aufnehmen und halten können, damit Gesellschaft zustande kommt und nicht zerfällt, müssen die Schnittmengen der Assoziationszusammenhänge der Einzelnen abgeglichen werden. Es ist völlig unklar, durch welche inner- und außerpsychischen Mechanismen der Abgleich tatsächlich erfolgt und welche die Anforderungen an ihn sind, damit sich Gesellschaft ergibt und entwickelt. Man befindet sich hier auf einer fast weißen Landkarte.

Die Neurolinguistik und die Wortfeldforschung haben sich drangemacht, das Gebiet zu kartographieren. Das, was man mittlerweile als Kulturwissenschaften bezeichnet, stellt ein Reservoir für möglichen Input dar. Die Tatsache, dass jeder unter Kulturwissenschaften etwas anderes versteht, bedeutet eine Empfehlung für das entdeckerische Vorhaben.

Was den Abgleich der eindeutig kognitiven Anteile der Assoziationszusammenhänge angeht, üben natürlich die Wissenschaften und ihre Resultate einen wichtigen Einfluss aus. Allerdings geschieht das eher nicht so, wie es die Wissenschaftler gern hätten. Der Einfluss der Wissenschaften ist der Einfluss der Art und Weise, wie die Einzelnen und die Gesellschaft die Wissenschaften wahrnehmen. Die kognitiven Inhalte können sich niemals selbst verorten und anordnen. Weder beim Einzelnen noch in der Gesellschaft als Ganzem.

In der ›richtigen Welt‹ kann ein Einzelner niemals völlig sicher sein, was ein anderer denkt und empfindet. Welchen Überzeugungen der andere tatsächlich anhängt, welche Gefühle er wirklich hegt, was für Absichten er in Wahrheit verfolgt. Das macht das Zusammenleben überhaupt erst spannend. In der Literatur gibt es häufig jemanden, der ganz genau weiß, was die Leute denken: den allwissenden Erzähler. Natürlich führt nicht in jedem Roman ein allwissender Erzähler Regie, nicht immer gibt sich der allwissende Erzähler als solcher zu erkennen. Der Erzähler kann sich als unzuverlässig oder sogar als notorischer Lügner entpuppen, mehrere allwissende Erzähler können sich Konkurrenz machen oder sogar bis aufs Messer bekämpfen.

Der allwissende Erzähler und seine Derivate repräsentieren eine gewissermaßen wissenschaftsnahe Klasse von Methoden, Assoziationszusammenhänge darzustellen, in denen kognitive Inhalte mit und entlang von Gefühlen verknüpft sind. Die Literatur und nur die Literatur stellt noch zwei andere, wissenschaftsfernere Methoden bereit: den inneren Monolog und seine Verwandte, die erlebte Rede. Wie der äußere Erzähler kann der innere Erzähler zuverlässig oder unzuverlässig sein. Eine wichtige Variante des inneren Monologs besteht darin, die Außenwelt mit den Augen der Romanfigur zu schildern, ohne ein einziges Gefühl zu benennen. Der Leser rekonstruiert aus dem Blick desjenigen, der ihn geworfen hat, denjenigen, der geblickt hat. Auch auf diese Weise vermag der Romancier die Gefühlswelt seines Protagonisten eindeutig und erschöpfend zu behandeln.

Geht es um die Erkundung des Innenlebens, reicht keine andere Kunstform an den Roman und das Tagebuch heran. Wobei ein bemerkenswertes Tagebuch immer auch ein Roman ist. Das Innenleben des Menschen besteht aus Bildern, aus anderen von Sinneswahrnehmungen abgeleiteten ›Aufzeichnungen‹ sowie jeder Menge abstrakter Gedanken, die keine Bilder sind und auch nicht durch solche dargestellt werden können. Die Erzählformate Film und Fernsehserie sind niemals dazu fähig,

Innenleben mit der Präzision des Romans zu schildern. Das gilt auch für die indirekte Methode, die Gefühle gar nicht erwähnt. Das ikonische Bild lässt keine genügend trennscharfe Auswahl der Gegenstände der äußeren Welt zu, die in eine eindeutige Beziehung zur zu beschreibenden Innenwelt gestellt werden sollen. Beim Abgleich der Assoziationszusammenhänge in puncto Verknüpfung von Gefühl und Kognition kann nichts den Roman ersetzen. Romane verfeinern die Fremdbeobachtung und die Selbstbeobachtung. Wer Romane liest, wird in die Lage versetzt, fremde und eigene Gefühle besser zu separieren, zu analysieren und zu sortieren. Aus der Perspektive des Einzelnen bietet der Roman die Möglichkeit von Trainingsprogrammen, mittels deren der Einzelne das Erkennen von Gefühlen und Assoziationswegen bei anderen und bei sich selbst lernt und übt.

Das Gehirn sorgt dafür, dass sich der Einzelne fortwährend unterhalb der Bewusstseinsschwelle selbst beobachtet. Darüber hinaus steht es dem Einzelnen weitgehend frei, das Ausmaß zu wählen, in dem er sich der bewussten Selbstbeobachtung hingibt. Grundsätzlich kann er sich immer ins bloß biologische Existieren zurückziehen. Die Gesellschaft dagegen ist in höherem Maß auf Selbstbeobachtung angewiesen als der Einzelne. Für den Einzelnen ist Selbstbeobachtung eine Option, die er nicht wahrnehmen muss. Verzichtet die Gesellschaft auf Selbstbeobachtung, ist sie im selben Moment keine mehr. Es gibt keinen gesellschaftlichen Zusammenhang ohne gesellschaftliche Selbstbeobachtung.

Eins der Werkzeuge, das die Gesellschaft zur Selbstbeobachtung benützt, ist der Roman. Im Roman erzählt die Gesellschaft sich selbst: Wie sie war, wie sie vielleicht war, wie sie bestimmt nicht war, wie sie ist, wie sie sein könnte, wie sie sein sollte, wie sie auf keinen Fall sein kann, wie sie unter keinen Umständen sein sollte, wie sie sein oder nie sein wird. Der Roman artikuliert, was sich die Gesellschaft nicht eingestehen kann oder will, was sie dennoch bekennen muss. Im Roman vergewissert sich die Gesellschaft selbst. In der Perspektive der Gesellschaft besteht die Aufgabe des Romans in der erzählenden Verschränkung von solchen Gefühlen und kognitiven Inhalten, denen für den Zusammenhalt oder das Auseinanderfallen der Gesellschaft entscheidende Bedeutung zukommt.

Wem oder was nützt es, wenn kognitive Inhalte in Medien gespeichert sind, auf die niemand und nichts zugreift? Aber nicht der bloße Zugriff adelt schon die Speicherung. Wichtig ist, ob der Abruf Folgen hat. Manche Arten des Zugriffs kommen dem Abschieben des Speicherinhalts ins völlige Vergessen absolut gleich. Wenn ein Roboter oder ein Mensch eine umfangreiche Enzyklopädie ausschließlich nach der alphabetischen Reihenfolge der Stichworte liest oder Internetadressen allein gemäß lexikalischer Kriterien abklappert, dann erscheint die Wahrscheinlichkeit hoch, dass der Abruf keine Folgen hat.

Die Speicherung und der Abruf von kognitiven Inhalten der Gesellschaft werden weitgehend von den Gefühlen der Einzelnen bestimmt. Es gibt jedoch triftige Gründe für die Gesellschaft, die Organisation der kognitiven Inhalte nicht den unbehandelten Gefühlen der Einzelnen zu überlassen. Für den Einzelnen ist die spezifische Verknüpfung zwischen Gefühlen und Kognitionen entscheidend, für die Gesellschaft die großflächige Verteilung von Emotionen und Kognitionen. Die Gefühle des Einzelnen sind naturgemäß mit seinen Lebensinteressen korreliert. Aber die Überlebenserfordernisse des Einzelnen decken sich nicht durchgängig mit den Fortsetzungsbedingungen der Gesellschaft: Zum einen wird die Phantasie der Gesellschaft durch die Beschränkung auf die Phantasie des Einzelnen, der auf sein Überleben fixiert ist, sehr eingeengt. Zum anderen kann sich ergeben, dass ein Einzelner zu gut überlebt, und zwar auf Kosten anderer. Indem er andere ausnützt oder in nicht unbeträchtlichem Ausmaß liquidiert. Beides kommt immer wieder in der Menschheitsgeschichte vor und tut der Gesellschaft nicht gut.

Die Lösung für das Verteilungsproblem lautet: Die Gesellschaft konstruiert Dummys. Teilnehmer, die wie Menschen aussehen, aber keine sind oder deren äußerliche Anmutung eine ganz andere ist, die sich jedoch wie Menschen verhalten. Die Rede ist von Darstellungen von Menschen in der bildenden Kunst und von literarischen Charakteren, insbesondere von Romanfiguren. Die Dummys verknüpfen aktiv Gefühle und kognitive Inhalte anders als die ›richtigen Menschen‹, oder sie werden passiv zum Zentrum von Prozessen, die ebendies leisten. Emotionen und Kognitionen sind nicht mehr nur auf die ›richtigen Menschen‹ verteilt, sondern auch auf die Dummys. Auf diese Weise liefert die Literatur der Gesellschaft einen Variantenpool für die Kombination von Emotionen und Kognitionen, der gut einsehbar ist und der den jederzeitigen Zugriff erlaubt. Der Variantenpool erweitert die Handlungsmöglichkeiten der Einzelnen und schränkt sie zugleich ein. Insbesondere verhindert er die Hypostasierung einzelner Kombinationen von Emotionen und Kognitionen, welche die Fortsetzung der Gesellschaft torpedieren könnten. Im allereinfachsten Fall erfolgt der Zugriff per Modelllernen.

Eine Randbemerkung. Viele poetologische Arbeiten von Autoren, die der Konkreten Poesie einerseits wie dem Nouveau Roman andererseits zurechenbar sind, kreisen um und veranschaulichen den Gedanken, dass Sprache das Ganze der Welt, der Wahrnehmung, des Denkens zerschneidet. Die Art der Zerschneidung sei nicht naturgegeben, sondern lediglich gesellschaftliche Konvention. Alles ›wirkliche‹ Erkennen sei ein Wiedererkennen oder Wiederfinden. Im Prinzip gehe es bei Sprache und Literatur nur um eins: einen Gegenstand, es muss kein materieller sein, mit seinem ›richtigen‹ Namen zu bezeichnen.

Jeder Sprachgebrauch ist Konvention. Die Aussage ist eine begriffliche Selbstverständlichkeit. Zu untersuchen ist, wie sich welche Konvention gebildet hat und warum sie besteht. Es sind Gefühle, die das Ganze als Ganzes definieren, und es sind Gefühle, die das Ganze zerschneiden. Seltsam, dass die angesprochenen Autoren genau das in ihren Werken beschreiben, sich aber zugleich strikt weigern, diesen Gedanken beim Sprechen oder Schreiben über ihre Werke auszudrücken. Stattdessen betonen sie die Allmacht der Kognitionen. Ein aparter Fall von Aberglauben an die Wissenschaft.

20. Muster

Das Schreiben eines Romans hat sehr viel mit Muster-
erzeugung zu tun, das Lesen eines Romans mit Mus-
tererkennung. Natürlich geht es dabei um kognitive
Ebenen, die weit über derjenigen der räumlichen Geometrie angesiedelt sind. Muster zu erkennen heißt,
bestimmte Ähnlichkeiten zwischen grundsätzlich verschiedenen Gegenständen festzustellen. Mustererken-
nung bedeutet immer auch, Unterschiede zwischen
den Gegenständen nicht zu berücksichtigen, nicht zur
Kenntnis zu nehmen oder zu vergessen.

Der Autor des Romans wählt Figuren, Handlung, räumliche sowie zeitliche Umstände, Wörter, Sätze, Stilele-
mente aus. Er selegiert das Beschriebene, die Mittel der
Beschreibung, die Weisen der Beschreibung. Die Beziehungen zwischen den ganz verschiedenen Bestandteilen
des Romans wurden hier als Morphismen bezeichnet.
Indem der Roman erzählt, wählt er Morphismen aus.
Vor der Definition der Morphismen muss keine Unterscheidung zwischen Form und Inhalt getroffen werden.
Nichts zwingt dazu, diesen Unterschied zu machen.

Man kann jedoch auch auf dem Unterschied bestehen und die definierten Morphismen nachher entsprechend einteilen.

Für den Roman lassen sich Muster als Gruppen von Morphismen beschreiben. Das Eifersuchtsthema ist ein Beispiel für ein elementares inhaltliches Muster. Der innere Monolog bildet ein Beispiel für ein einfaches formales Muster. Formale Muster sind dadurch charakterisiert, dass sie gegen viel mehr Variationen invariant sind als inhaltliche Muster. Grundsätzlich entsprechen Muster Handlungsmöglichkeiten, für den Autor wie für den Leser des Romans.

Generative Prinzipien stellen eine Unterklasse von Mustern dar. Sehr unterschiedliche Beispiele sind etwa das Heldenschema und das widerständige Detail. Der Held überschreitet eine Grenze und wird dekoriert oder stigmatisiert. Ein Widersacher stellt sich ihm entgegen. Der Held findet Helfer oder nicht. Der Held wird besiegt, die Welt bleibt diejenige, die sie ist. Oder der Held besiegt den Widersacher und verändert die Welt. Ein Detail ist widerständig, wenn es für den Plot des Romans vordergründig keine Rolle spielt, aber trotzdem beharrlich immer wieder auftaucht. Das Detail kann seltsam oder trivial sein, immer verbreitet es eine Aura des Unverbundenen. Aber tatsächlich hilft der Fremdkörper, den Roman zu organisieren. Das kann auf den allerverschiedensten Wegen geschehen: über Assonanzen im Klang mit anderen Wörtern, Ähnlichkeiten im

Wortbild, äußere Ähnlichkeiten mit anderen Gegenständen oder Gedanken bis hin zur idiosynkratischen Verknüpfung mit anderen Inhalten im Gedächtnis eines Protagonisten. Das widerständige Detail stellte eine der Leitstrategien des Nouveau Roman dar.

Es ist weidlich beschrieben, wie sich die Sprachen in der Zeit sowohl formal als auch inhaltlich entwickeln. Auf der einen Seite ist die Sprache ein vorliegendes Menü aus Befehlen, man kann die Befehle kombinieren und neue Über-Befehle erstellen. Aber damit sind die Fähigkeiten des Menschen noch lange nicht erschöpft. Zu jeder Zeit stellen Wissenschaften, soziale Praktiken und die Literatur neue Befehle zur Verfügung, und sie konstruieren aus alten und neuen Befehlen ganz neue Über-Befehle.

Der Roman bietet Morphismen an, die das Potential besitzen, das Leben des Lesers entscheidend zu beeinflussen. Wer sich als Leser auf die Suche nach der verlorenen Zeit begeben hat, der wird bei einem Anlass zur Eifersucht in seinem Liebesleben mit hoher Wahrscheinlichkeit anders agieren und reagieren, als wenn er nicht gelesen hätte. Er wird anders beobachten, die Person, der seine Eifersucht gilt, und sich selbst. Er wird Dinge und Ereignisse in die Nähe seiner Liebe und seiner Eifersucht rücken, die er sonst niemals damit in Verbindung gebracht hätte. Er wird anders formulieren, und er wird anders handeln.

Aber auch viel formalere Errungenschaften können analoge Wirkungen zeitigen. Wem der innere Monolog als literarische Form vertraut ist, dem wird es möglicherweise leichter fallen, Grübelzwang zu kanalisieren und in Entscheidungsvorbereitung umzuwandeln, als wenn ihm das formale Vorbild nicht geläufig wäre. Vielleicht hätte er sonst auch ein schlechtes Gewissen, weil er so gründlich mit sich selbst und seinen Problemen beschäftigt ist. Das im Roman Gesagte zeigt so unendlich viel mehr Handlungsmöglichkeiten auf, als im Kopf des Lesers vorhanden sein können.

Aus zwei Gründen wäre es falsch zu behaupten, die Morphismen des Romans kümmerten sich nicht um vergebene Namen und um fertige Schubladen. Wäre das der Fall, niemand würde den Roman verstehen. Außerdem müssen die Morphismen des Romans auf etwas aufbauen. Das können nur andere Morphismen sein. Aber die Formulierung, die Morphismen des Romans zeigten den bestehenden Namen und Schubladen eine lange Nase, ist nicht übertrieben. Weil der Roman so wenig zweckgebunden ist und weil er ein Höchstmaß an Abstraktion erlaubt, ist er dazu in der Lage, nachhaltig komplexere Morphismen zu generieren als seine Konkurrenten. Die ständige Produktion von Morphismen, die einen Bezug zur Lebenssituation aufweisen, ist ein wesentlicher Bestandteil der Selbstabfrage und der Selbstherstellung von Gesellschaft.

Das Sich-selbst-Beobachten und das Sich-Wiedererkennen der Gesellschaft ist nur zum Teil eine Frage der Verarbeitung und der Verteilung von Information, wie sie zweckgebundene Aktivitäten, etwa Wissenschaft, Technik und Ökonomie, zur Verfügung stellen. Woher kommen die Zwecke? Die theoretischen Disziplinen und praktischen Felder sind das, was der Mensch aus seinen Mitteln gemacht hat. Letztlich sind die Zwecke die Folge dessen, dass es den Einzelnen und die Gesellschaft mit ihren jeweiligen Mitteln gibt. In den Disziplinen und Feldern tauchen ständig neue, vorher nicht einmal denkbare Zwecke auf und werden wirksam. Es kann nicht darum gehen, die neuen Zwecke wieder einzufangen, sie entweder zu kassieren oder schlicht zu Sklaven der alten Zwecke zu machen. Der Einzelne und die Gesellschaft müssen sich vielmehr der neuen Zwecke bedienen. Morphismen, die sich auf Lebenssituationen beziehen, fördern diesen Prozess.

Die Fähigkeit zum Denken in Analogien generiert Metaphern. Vieles, was über Metaphern gesagt werden kann, lässt sich auch über Morphismen formulieren. Man kann Morphismen wie ›große‹ Metaphern behandeln. Metaphern und Morphismen erweitern die Ausdrucksmöglichkeiten. Wie Metaphern können Morphismen von einem Bereich in einen anderen hinübergetragen werden.

Metaphern machen häufig Abstraktes anschaulich, konkret. Dadurch wird Abstraktes besser sprachlich handhabbar. Der umgekehrte Fall, dass eine Metapher Konkretes abstrakt macht, kommt so gut wie nicht vor. Das Abstrakte, als Konkretes verkleidet, tritt öfter auf. In diesem Sinn bewirken Metaphern eine inhaltliche Bewegung des Sprachgebrauchs zum Abstrakten hin. Wissenschaft, Technologie und auch das soziale Leben ohne Hilfsmittel produzieren jedoch kontinuierlich neue konkrete Gegenstände, die den fünf Sinnen unmittelbar zugänglich sind. Auf diese Weise kann die Sprache den Zug zum Abstrakten verkraften, ohne insgesamt eine abstrakte Schlagseite zu bekommen.

Die häufige Verwendung reduziert das Bildhafte der Metapher, die Metapher dient nur noch als Etikett. Der Weltmeister der Gleichniserfinder erklärte die Sprache zu einem »Wörterbuch erblasseter Metaphern«. Gleich Metaphern verlieren literarische Morphismen häufig im Lauf der Zeit an Ausdruckskraft. In der Regel verwendet der Roman abgeschliffene literarische Morphismen nicht als Etiketten weiter, sondern ersetzt sie durch neue, aktuelle Morphismen. Sofern sie nicht die entsprechenden philologischen Universitätsfächer unterrichten, ist die Welt der romantischen europäischen Poesie und Prosa den Heutigen ziemlich fremd. Wer verfasst noch einen Liebesbrief oder legt einen Monolog hin, der in einen romantischen Roman passen würde? Das soll wiederum nicht heißen, dass die Romantik etwa komplett passé wäre. Die Vorstellung der Liebesheirat bestimmt nach wie vor Leben und Literatur.

Weil der physische Körper dem Menschen über die Wahrnehmung unmittelbar zugänglich ist, bildet er die Quelle für viele Metaphern und daraus abgeleitete abstrakte Begriffe. Ein Forschungsprojekt könnte darin bestehen, den Gefühlskörper des Menschen zu vermessen. Bis jetzt hat sich allein die Literatur dieses Problems bemächtigt, indem sie, in Analogie zu den externen Körpermetaphern, interne Gefühlsmorphismen konstruiert.

21. Bewusstsein

Das Subjekt in seinen zahllosen Varianten, von der eingehauchten göttlichen Seele über das transzendentale Subjekt zum intentionalen Willenszentrum, hat aufgegeben. Es wurde zermürbt von dem Grundwiderspruch, der es seit jeher wie ein Schatten begleitete: Auf der einen Seite sollte es tatsächlich und moralisch frei sein, das Agens rationaler Entscheidung. Auf der anderen Seite war es jedoch immer eingebettet in Zusammenhänge, die es nicht nur äußerlich bestimmten, sondern die auch mit Notwendigkeit sein inneres Sein und Tun begründen sollten. Diese Zusammenhänge waren zuerst religiöser, dann allgemeiner metaphysischer Natur, seit der Neuzeit haben die Wissenschaften das Kommando übernommen.

Das Subjekt ist abgelöst worden vom Bewusstsein. Dem Begriff des Bewusstseins kommt in unserer Kultur fast Fetischcharakter zu. Das Bewusstsein, vorzugsweise die Variante des Selbst-Bewusstseins, soll das leisten, was das Subjekt nicht mehr vollbringen kann oder nie konnte. Der Mensch unterscheidet sich von der unbelebten wie von der belebten Natur und von der Technik, weil er sich vieler Dinge bewusst ist. Steine nehmen nichts wahr und halten nichts fest. Tiere und Maschinen haben Sinnes- beziehungsweise Sensorenwahrnehmungen und speichern sie. Nur der Mensch beobachtet und weiß, dass er beobachtet. Allein der Mensch merkt sich etwas und weiß, dass er sich etwas merkt.

Am Anfang des letzten Jahrhunderts entstand die Disziplin Psychologie als Wissenschaft über das Bewusstsein. Die deutschsprachigen Psychologen untersuchten innere Bewusstseinszustände. Ihre zentrale Methode war die Introspektion. Verschiedene Schulen entwickelten verschiedene Methoden der Selbstbeobachtung. Es gab große Auffassungsunterschiede darüber, wie man beobachten sollte, und noch größere Meinungsverschiedenheiten darüber, was man beobachtete. Der Grund dafür ist einfach: Bewusstseinsinhalte sind nicht strikt voneinander abgrenzbar, sie sind nicht isolierbar und deshalb auch nicht standardisierbar. Das gilt im Prinzip für alle kognitiven und Gefühlsinhalte. Wenn zwei Personen an einen Gegenstand denken, wie könnte gewährleistet werden, dass sie sich genau denselben Gegenstand vorstellen? Nur bei standardisierten Gegenständen wie etwa einem Würfel kann eine Ähnlichkeit der Vorstellungen herbeigeführt werden. Dabei gibt es immer das Problem der Lüge: Was, wenn der Bewusstseinsträger über den Gegenstand in seinem Bewusstsein unaufrichtig ist? Im Fall von Gefühlen bietet sich die Situation noch dramatischer dar. Zwei Personen lieben auf die gleiche Weise – was sollte das heißen?

Als Reaktion auf den verunglückten akademischen Start der Psychologie entstand in den USA der Behaviorismus, der allein äußerlich wahrnehmbares Verhalten untersuchte und für den innere Geisteszustände nicht existierten. Das Problem des Behaviorismus war, dass er für das äußere Verhalten lediglich triviale Zusammenhänge etablieren konnte, aber das Verhalten weder erklären noch vorhersagen konnte. So sind behavioristische Theorien etwa am Spracherwerb grandios gescheitert. In der Gegenwart kümmern sich Exponenten sehr verschiedener Fächer um das Bewusstsein, weniger die Psychologen, mehr die Mediziner, vor allem Neuro- und Kognitionswissenschaftler, darunter natürlich IT-Spezialisten, und, wie seit jeher, die Philosophen.

Der Organismus sieht, hört, berührt, und das Gehirn, das über ein Gedächtnis verfügt, erinnert sich. Das führt zu einer Überfülle von Bildern, Tönen, Berührungswahrnehmungen und Kombinationen aus allen diesen Elementen, die von Meldungen über den Zustand des Körpers begleitet werden. Der Ursprung des Bewusstseins ist die unablässige Erzeugung von Karten durch das Gehirn.

Es sei noch einmal betont, dass niemals allein das registriert wird, was mit dem Körper in Beziehung getreten ist. Festgehalten wird immer, wie der Körper auf die Außenwelt reagiert oder in Bezug auf sie agiert hat. Das Gehirn muss bestimmte Elemente auswählen und sie in eine definitive Reihenfolge bringen. Dabei neigt das Gehirn dazu, wie ein Filmregisseur oder besser wie ein Cutter vorzugehen: Es definiert einen zeitlichen und einen räumlichen Rahmen und unterlegt eine Ursache-Wirkungs-Struktur, in die auch der Körper einbezogen ist. Bestimmte Ereignisse haben gewisse Folgen, diese Handlungen haben genau jene Konsequenzen. Dabei ist zu berücksichtigen, dass zu jedem Zeitpunkt aus Kapazitätsgründen nur eine kleine Zahl von Bildern, Tönen, anderen Sinneswahrnehmungen und Kombinationen aus diesen Elementen simultan präsentiert werden kann. Der innere Arbeitsbereich ist in jedem Fall begrenzt.

Es wäre falsch zu behaupten, das Gehirn müsse die richtigen Bilder auswählen und sie in die richtige Reihenfolge bringen, sonst verliere es seinen Körper. Man kann lediglich festhalten: Die bekannten Weisen, wie das Gehirn Bilder auswählt und sie in eine Reihenfolge bringt, haben im Regelfall den Effekt, dass das Gehirn seinen Körper nicht einbüßt. Die Auswahl wird in hohem Maß von Gefühlen bestimmt. Die entsprechenden Strategien des Gehirns begannen sich lange vor dem Auftauchen von Bewusstsein herauszubilden. Es gibt in diesem Zusammenhang kein absolutes Richtig oder Falsch. Vielleicht würden sich andere Gehirne mit ›falschen‹ Bildern und Reihenfolgen perpetuieren.

Der Mensch ist als einziger biologischer Organismus auf diesem Planeten dazu in der Lage, sich Ziele zu setzen, die weit über die Subsistenz hinausgehen, diese Ziele zu formulieren, sie anzustreben und ihre Erreichung zu kontrollieren. Voraussetzung für diesen Prozess ist die Fähigkeit der Vorstellungskraft. Das ist das Vermögen, konkrete und abstrakte Gegenstände zu konstruieren, die sich von existierenden Gegenständen unterscheiden, sowie Gedanken zu fassen, die sich nicht logisch aus bereits gedachten Gedanken ableiten lassen.

Die Vorstellungskraft dient nicht nur der literarischen Zerstreuung. Aus den Naturwissenschaften winkt ein gängiges methodologisches Schema herüber. Der Forscher bringt seine Vorstellung in die Form einer Hypothese und bemüht sich dann, diese zu verifizieren. Experimente oder theoretische Ableitungen sollen die wissenschaftliche Gemeinschaft überzeugen, die Hypothese bis auf weiteres zu akzeptieren. Das ist natürlich nur ein Spezialfall. Mit dem Werkzeug der Vorstellungskraft produziert der Mensch Möglichkeiten. Handlungen überführen die Möglichkeiten in Wirklichkeiten. Mit der Vorstellungskraft ist der Mensch dazu in der Lage, seine Grenzen ungeheuer auszuweiten.

Auch ohne Einwirkung von außen vermag der Mensch ein optisches Raster zu generieren, das einem durch äußere Einwirkung zustande gekommenen gleicht. Wahrnehmungsbedingtes Sehen und geistiges Sehen sind zwar nicht gleichberechtigte, aber gleichgeordnete

Befehlsmenüs. Es spricht nichts dagegen, das Denken insgesamt analog zu behandeln und das Glauben im Sinn des Für-wahr-Haltens und das In-Betracht-Ziehen ebenfalls als gleichgeordnete Befehlsmenüs aufzufassen. Das Glauben im Sinn des Für-wahr-Haltens markiert eine Möglichkeit als wirklich. Für das Sehen wie für das Denken gilt gleichermaßen: Es gibt keine inneren Nachbildungen von etwas Äußerem. Es gibt nur innere Bildungen, denen etwas Äußeres zuordenbar ist oder nicht. Analog zur Rolle des wahrnehmungsbedingten Sehens ist das Für-wahr-Halten in einer Hinsicht grundlegender als das In-Betracht-Ziehen: Das In-Betracht-Ziehen setzt immer voraus, dass der Bewusstseinsträger irgendetwas für wahr hält oder gehalten hat. Ein Bewusstsein, das ausschließlich in Betracht zieht, das völlig von seiner Umgebung abgekoppelt ist, kann erst gar nicht entstehen. Sowohl für das Sehen wie für das Denken im Allgemeinen gilt: Gleichgeordnetes Befehlsmenü bedeutet natürlich keineswegs, dass die Befehle austauschbar wären.

Gegenstand der Vorstellungskraft können nicht nur Kognitionen, sondern auch Gefühle sein. Genauso wie der Mensch sich eine Sinneswahrnehmung oder einen abstrakten Gegenstand vorstellt, ist er auch dazu in der Lage, sich eine einfache Empfindung, wie etwa einen Schmerz, oder ein komplexes Gefühl, wie etwa Liebe, vorzustellen. Die Vorstellungskraft erschließt dem Bewusstseinsträger eine neue Dimension von Freiheitsgraden in seinem inneren Arbeitsbereich.

Bis hierher wurde das Thema Vorstellen klassisch-philosophisch behandelt: Die Vorstellungskraft stellt ein Werkzeug dar, dessen sich der Bewusstseinsträger bedienen kann oder nicht. Die Erkenntnisse der modernen Neurowissenschaften legen nahe, dass der Bewusstseinsträger Mensch eine durchaus eingeschränkte Wahl hat. Der Mensch muss sich etwas vorstellen. Er kann versuchen, sich nichts vorzustellen, aber das muss er dann trainieren – Stichwort Meditation.

Wie funktioniert Bewusstsein? Jeder Philosoph, jeder Neurowissenschaftler und jeder Kognitionswissenschaftler vertritt einen anderen Begriff von Bewusstsein. Alle Ansätze teilen jedoch eine Überzeugung: Bewusstseinsträger kann nur ein Wesen sein, das mit Sensoren und Aktoren ausgestattet ist. Die Sensoren und Aktoren sind derart miteinander verbunden, dass sich zahlreiche Rückkopplungsschleifen ergeben.

Was ist Bewusstsein? Die modernen Neuro- und Kognitionswissenschaften nähern sich dem Problem vorsichtiger als die klassischen philosophischen Ansätze oder diejenigen, die im Bann des *linguistic turn* stehen. Anstatt mit einer diktatorischen Definition zu beginnen, werden zunächst Minimalbedingungen formuliert und dann die Ingredienzien von Bewusstsein betrachtet. Die erste notwendige Bedingung für Bewusstsein besteht in der Kenntnis von der eigenen Existenz und der Kenntnis von der Existenz einer Umgebung. Der Bewusstseinsträger muss zwischen sich und allem, was nicht er ist, unterscheiden. Er erfährt seine materielle Realisation als von anderen materiellen Realisationen getrennt. Prinzipiell spielt es keine Rolle, ob es sich bei dem Bewusstseinskandidaten um eine menschliche oder um eine künstliche Intelligenz handelt. Die zweite notwendige Bedingung verlangt, dass Bewusstseinszustände stets einen Inhalt haben.

Die beiden globalen Dimensionen des Bewusstseins sind Intensität und Reichweite. Unterhalb einer gewissen Aufmerksamkeitsschwelle arbeitet es überhaupt nicht. Oberhalb dieser Schwelle gibt es eine Skala, die von Schläfrigkeit bis zu hitziger Hellhörigkeit reicht. Die Reichweite hat damit zu tun, wie viele Elemente das Bewusstsein berücksichtigt, und wie fern diese Elemente dem Anlass der Bewusstmachungssituation stehen. Je mehr Elemente im inneren Arbeitsbereich Berücksichtigung finden, desto größer ist die Reichweite der spezifischen Bewusstseinssituation. Die Bewusstseinsebene ändert sich schnell, wenn die Gedanken schweifen können, und beim Tagträumen.

Der Zweck des Bewusstseins ist die passive und aktive Antizipation von Lebenssituationen. Der Bewusstseinsträger strebt an, sich und seine Umwelt in ein geplantes Verhältnis zu setzen, das ihm Vorteile verschafft. Wenn Existieren als Spiel aufgefasst wird, dann bildet Bewusstsein eine notwendige Voraussetzung, dass der Existenz-Player die Spielzüge des Players Umwelt vorwegnehmen und ihnen gezielt begegnen kann. Wer nicht weiß, wer seine Gegner sind und wer er selbst ist, kann nicht viel gegen seine Gegner bewirken.

Indem sie den Flusscharakter des Bewusstseins betonen, korrigieren die Neurowissenschaftler zu Recht die Philosophen, die Bewusstsein als ein Vermögen sehen, von welchem der Träger in freier Entscheidung Gebrauch machen kann. Die Umwelt des Organismus und der Körper sind Antreiber und Schrittmacher für das Bewusstsein. Ist die Umwelt mehr oder weniger abgeschaltet, träumt das Bewusstsein in dem durch die Umwelt initiierten Modus weiter, oder es träumt sich in andere Welten. Für die Verfasser von Romanen war der Flusscharakter des Bewusstseins nie etwas anderes als selbstverständlich.

Welche sind die Inhalte von Bewusstsein? Das Bewusstsein enthält Karten und alle Sorten von Gegenständen, die Bestandteile von Karten werden können. Das sind Bilder sowie andere Sinneskonstruktionen, die sich auf die Außenwelt beziehen, Wahrnehmungen des Körpers und Kombinationen von diesen. Zu den Wahrnehmungen des Körpers gehören natürlich auch Gefühle. Kombinationen meint auch die Vereinigung von kognitiven und Gefühlsinhalten.

Bewusstsein liegt dann vor, wenn folgende Komponenten und Features gegeben sind:

- Gefühle erster Ordnung, die sich auf den Körper beziehen, der dem Träger des Bewusstseins eindeutig zugeordnet ist.
- Karten, die auf die Perspektive Bezug nehmen, in der Karten generiert werden: Das Sehen, Hören, Berühren erfolgt durch den Träger des Bewusstseins.
- Das Gefühl, dass die Elemente des Bewusstseins dem Träger des Bewusstseins zugehören und niemandem sonst.
- Das Gefühl, dass der Träger des Bewusstseins die Elemente des Bewusstseins wesentlich beeinflussen kann.

Die Wunschvorstellung wäre die vollständige Kontrolle aller Karten und aller Gefühle. Aber eine solche ist unmöglich, weil der Bewusstseinsträger auf seinen Körper angewiesen und in eine Umwelt eingebettet ist, die beide Input für das Bewusstsein liefern, den der Träger nicht kontrollieren kann. Zen-Mönche haben ihre Karten und Gefühle vergleichsweise gut im Griff.

Die Neurowissenschaftler formulieren, das Gehirn weise gewisse Eigenschaften auf, es verarbeite einen bestimmten Input zu einem bestimmten Output, es bewirke dies, leiste das. Im selben Atemzug sprechen sie von Geisteszuständen. Bewusstsein wird als ein – besonderer – Geisteszustand aufgefasst: Der ausschließlich aus der unmittelbaren Perspektive des Organismus erfahren werde, dessen Bestandteil das Gehirn bildet. Das sprachliche Kennzeichen der entsprechenden Perspektive sei das der ersten Person, der Ich-Form. Die Erfahrung dieses Geisteszustands könne nur der Organismus selbst machen, ein Organismus könne einen anderen bei der Erfahrung dieses Geisteszustands beobachten, aber die Erfahrung dieses Geisteszustands nicht für ihn machen.

Wer hat Kenntnis von seiner eigenen Existenz? Wer fühlt die Bewusstseinszustände? Wer nimmt die Bewusstseinszustände als Bewusstseinszustände wahr? An dieser Stelle holen perseverierende Fragestellungen der abendländischen Philosophie plus einschlägige östliche Weisheit die Neurowissenschaften ein.

Die Neurowissenschaftler können behaupten, der Körper habe Kenntnis von seiner eigenen Existenz, fühle Bewusstseinszustände, habe Bewusstsein. Aber das ist trivial und führt nicht weiter. Bewusstsein muss ein materielles Substrat haben, mit dieser Aussage wird nur das Substrat spezifiziert. Die Neurowissenschaftler dürfen nicht behaupten, das Gehirn sei sich seiner selbst bewusst. Der Mensch war sich seiner selbst bewusst, bevor er irgendwelche Erkenntnisse über sein Funktionieren als biologischer Organismus hatte, bevor überhaupt die herausragende Stellung des Gehirns als Steuerungsinstrument des Körpers erkannt war. Der Bewusstseinsträger muss nicht wissen, dass er über ein Gehirn verfügt und dass in diesem sein Bewusstsein entsteht. Aber selbst wenn das der Fall ist, macht es nur begrenzt Sinn zu sagen, das Gehirn sei sich seiner Existenz und seiner Fähigkeiten bewusst. Das Gehirn ist arbeitsteilig organisiert, verschiedene Gebiete versehen verschiedene Aufgaben, viele Aufgaben werden durch ein komplexes Zusammenwirken mehrerer Gebiete erledigt. Über dieses Zusammenspiel gibt es nur wenige gesicherte Erkenntnisse, aber viele einander widersprechende Hypothesen. Was wäre sich da seiner selbst bewusst: der Ort, an dem Bewusstsein möglicherweise entsteht, oder das spezifische Zusammenwirken mehrerer Orte im Gehirn? Letzteres würde auf die leere Definition hinauslaufen, Bewusstsein sei, was sich seiner selbst bewusst sei.

Bleibt die Frage, wer das ist, der da Bewusstsein hat. Die gängigste und durchaus nicht unintelligente Strategie ist diejenige, die Frage mit einem Konstrukt zu beantworten: Bewusstseinsträger ist das Selbst. Auf diese Weise kann es der Neurowissenschaftler vermeiden, von Geist, englisch *mind*, zu sprechen.

Das Selbst setzt sich zusammen aus Protoselbst, Kernselbst und autobiographischem Selbst.

Das Protoselbst ist eine Klasse von neuronalen Konfigurationen, die zu jedem Zeitpunkt die stabilen oder besser die am wenigsten volatilen Eigenschaften des Körpers kartieren. Das Protoselbst enthält Karten des Körpers und Gefühle erster Ordnung. Der Körper, der nicht besonderem Stress ausgesetzt ist, produziert eine unter den jeweils gegebenen Umständen maximal stabile Beziehung zwischen den inneren Organen des Körpers und dem Input der fünf Sinne. Das Protoselbst entsteht im Gehirn, es bleibt jedoch unauflöslich mit dem gesamten Körper verbunden und kann sich unter keinen Umständen von diesem lösen, sich nicht einmal von diesem entfremden.

Das Kernselbst ist ein Protoselbst, das einen Begriff davon hat, dass es es selbst und nichts anderes ist. Das Kernselbst enthält Karten des Körpers, Karten der Umwelt, Gefühle erster Ordnung und Gefühle zweiter Ordnung. Unter den Karten befindet sich eine ganz bestimmte Sorte, nämlich solche, die etwas mit Ursache-Wirkungs-Zusammenhängen zu tun haben.

Wie kann das Protoselbst überhaupt darauf kommen, dass es es selbst ist? Nur indem es einen Unterschied zwischen sich und der Umwelt ausmacht. Wie kann es diese Differenz registrieren? Allein indem der Körper einen Unterschied macht: Die Umwelt muss eine andere mit ihm sein, als sie es ohne ihn wäre. Niemals kann das Protoselbst sich und den Körper einfach von der Umwelt verabschieden und diese trotzdem weiter beobachten. Es gibt immer nur eine Möglichkeit: Der Körper muss etwas tun, etwas bewirken, was die Umwelt verändert. Aus dem Protoselbst kann nur dann ein Kernselbst entstehen, wenn die Möglichkeit gegeben ist, dass der Körper die Umwelt verändert und wenn der Körper beziehungsweise das Protoselbst dazu in der Lage ist, die entsprechende Veränderung zu registrieren. Das Kernselbst ist im Grunde nichts anderes als die zeitliche Abfolge von Karten und Gefühlen, die sich auf die unablässigen Einwirkungen des Körpers auf die Umwelt und das entsprechende Feedback beziehen.

Die ständige Erzeugung von Karten durch das Gehirn liefe völlig aus dem Ruder – bei bestimmten psychischen Krankheitsbildern ist genau dies der Fall –, wenn sie nicht gesteuert würde. Die entsprechenden Steuerungsmechanismen sind Gefühle am einen Ende des Kontinuums und Bewusstsein am anderen Ende sowie alle möglichen Kombinationen beziehungsweise Positionen im Kontinuum. Auf der untersten Ebene, der des Protoselbst, fokussiert, konzentriert Bewusstsein auf diejenigen Karten der Umwelt, die kritisch für das Weiterexistieren des Organismus sind. Das Kernselbst ist die Voraussetzung für den Erwerb von elementaren Fähigkeiten und Fertigkeiten. Das Kernselbst, das überhaupt nur aus der wahrgenommenen Wechselwirkung des Organismus mit seiner Umwelt entstanden ist, ermöglicht es, diese Wechselwirkungen zu verbessern bis zu optimieren, immer mit dem Ziel, das Weiterexistieren des Organismus zu gewährleisten. Ein Selbst, das Bewusstseinsträger sein soll, muss mindestens aus einem Protoselbst und einem Kernselbst bestehen.

Das Bewusstsein orientiert den Einzelnen. Ein orientierendes Bewusstsein muss jedoch nicht notwendigerweise autobiographisch sein. An dieser Stelle kommt der

Einfluss der Gesellschaft zum Tragen: Die modernen Gesellschaften verlangen ultimativ autobiographisches Bewusstsein.

22. Erinnerung

Sprachliche Artefakte können nur ins Dasein kommen, autobiographisches Bewusstsein kann nur dann entstehen, wenn die Einzelnen über ein Gedächtnis verfügen, wenn diese die Fähigkeit besitzen, sich an etwas zu erinnern.

Die einem Gegenstand entsprechende Klasse von Netzhautbildern wird gespeichert mit den sensomotorischen Schemata, die das Anblicken des Gegenstands ermöglichen – die Bewegungen der Augen und des ganzen Körpers –, den sensomotorischen Schemata, die mit dem eventuellen Berühren des Gegenstands verbunden sind, den evozierten Schemata – wenn der Gegenstand in der Vergangenheit angeblickt oder berührt wurde –, und den sensomotorischen Schemata, die von mit dem Gegenstand verbundenen Gefühlen hervorgerufen werden. Die Erinnerung an einen Gegenstand besteht aus den sensorischen und motorischen Abläufen, welche die Wechselwirkungen zwischen dem Körper und dem Gegenstand ausmachen, sowie den Assoziationen, die das Gehirn damit verbindet. Die Erinnerung an komplexe Ereignisse ist analog zu konstruieren, hier spielen natürlich Prozesse eine Rolle, die zeitliche Ordnungen generieren.

Wie funktioniert das Gedächtnis im Gehirn? Entgegen früheren Annahmen gibt es die berüchtigten ›Großmutterzellen‹ nicht. Das wären Neurone, die sich an der Spitze der Verarbeitungskaskade in einem bestimmten Hirngebiet befinden und die nur auf Großmütter und auf nicht anderes reagieren. Alles, was mit dem Gedächtnis zu tun hat, stößt auf Kapazitätsgrenzen. Für die Vielzahl der relevanten Begriffe wären zu viele Orte notwendig. Außerdem wäre eine Zelle allein überfordert, den gesamten Komplex der Erinnerung zu managen.

Erinnerung funktioniert als Zusammenspiel zwischen einem Kartenraum, einem Dispositionsraum und einem Erinnerungsbereich. Der Erinnerungsbereich ist gewissermaßen die Arbeitsplattform der Erinnerung, nur hier gibt es Erinnerungen, die auch als solche erlebt werden. Der Kartenraum enthält vollständige Karten und Teile von solchen, die Elemente des Kartenraums sind explizit und entweder bewusst oder unbewusst, sie bilden mögliche Bestandteile von Erinnerungen. Der Kartenraum muss geordnet sein, sonst wäre ein Zugriff auf seine Elemente unmöglich, aber diese Ordnung ist keine bewusste. Der Dispositionsraum ist der Ort der Mechanismen, die Erinnerungen erzeugen. Er enthält sowohl die Konstruktionsprinzipien als auch die Werkzeuge, die bei diesem Prozess zur Anwendung kommen.

Die Dispositionen sind unbewusst. Bestimmte Anstöße, das können von außen Sinneswahrnehmungen, von innen Körperwahrnehmungen oder Erinnerungen sein, aktivieren bestimmte Dispositionen, so dass durch Zugriff auf den Kartenraum im Erinnerungsbereich neue Erinnerungen konstruiert werden. Kartenraum und Dispositionsraum machen zusammen das aus, was üblicherweise als Gedächtnis bezeichnet wird.

In gewisser Hinsicht enthält der Dispositionsraum doch ›Großmutterzellen‹: Das sind dann Neurone, die auf Großmütter reagieren, die jedoch nicht im Alleingang die Großmutter-Erinnerung evozieren, sondern lediglich einen Mechanismus anstoßen, der über das Zusammenwirken von Kartenraum und Dispositionsraum die Großmutter-Erinnerung produziert.

Die Einzelheiten dieses Prozesses, in dem aus Elementen des Kartenraums durch Mechanismen aus dem Dispositionsraum Konstruktionen der Vergangenheit entstehen, sind nicht geklärt. Fest steht jedoch: Jedes Erinnern ist ein Neu-Erinnern, eine Neukonstruktion. Die Mechanismen der Erinnerung sind implizit und unbewusst. Eine wichtige Rolle spielt dabei der Hippocampus. Ist diese Gehirnregion beschädigt, kann sich der Betroffene nichts mehr merken, er bleibt in seiner unmittelbaren Gegenwart gefangen.

Unter den Elementen des Kartenraums werden sich stets auch sprachliche Artefakte befinden. Aber Dispositionen sind niemals mit sprachlichen Artefakten identisch. Dispositionen zur Konstruktion von Erinnerungen liegen im Gehirn nicht sprachlich formuliert vor. Natürlich enthalten Dispositionen auch Regeln, wie sprachliche Artefakte mit anderen Elementen des Kartenraums, darunter wieder sprachliche Artefakte, verknüpft werden.

Die Gedächtnisarchitektur aus Karten- und Dispositionsraum spart vor allem Speicherkapazität. Es ist nicht notwendig, alle Sorten von Erinnerungen in voller Länge und Ausführlichkeit aufzubewahren, stattdessen werden Erinnerungselemente und Formeln gespeichert, mit deren Hilfe aus den Erinnerungselementen, je nach Anlass, ausführliche Erinnerungen konstruiert werden. So können etwa einzelne materielle Gegenstände Dispositionen aus dem Dispositionsraum aktivieren, die wiederum Karten aus dem Kartenraum auswählen und geeignet zu Erinnerungen zusammensetzen. Das bekannteste literarische Beispiel ist ein französisches Gebäck aus Sandteig. Der Roman macht die impliziten Mechanismen des Dispositionsraums explizit. Im Roman wird gezeigt, wie der Einzelne Erinnerungen konstruiert.

Die Gesellschaft muss ebenfalls über Gedächtnisse und Erinnerungsvermögen verfügen, sonst ist kein Prozess der Selbstbeobachtung und des Selbst-Wiedererkennens möglich. Die Erinnerung der Gesellschaft setzt sich nicht einfach aus den Erinnerungen ihrer Mitglieder zusammen. Aber die Erinnerungsprozesse weisen Gemeinsamkeiten auf. Zuvörderst diejenige, dass Erinnerung grundsätzlich Konstruktion ist.

Die Gesellschaft hat ebenfalls ein Kapazitätsproblem, sie kann nicht ihre gesamte Geschichte speichern, was immer sie auch darunter verstehen mag. Aber hier gibt es bereits den ersten fundamentalen Unterschied, der es verbietet, simple Parallelen zum Erinnern des Einzelnen zu ziehen: Bis jetzt ist die Speicherkapazität des menschlichen Gehirns konstant, wogegen die Speicherkapazität der Gesellschaft variabel ist und sich durch die Entwicklung der Technik ständig vergrößert, in der Gegenwart mit Beschleunigung.

Wo immer die Kapazitätsgrenzen liegen, auch für die Gesellschaft macht es keinen Sinn, sich zu jedem Zeitpunkt gleichzeitig an alles zu erinnern, was vorher war. Die öffentlichen Räume der Untergesellschaften sind die Erinnerungsbereiche. In einfacheren Gesellschaften ist der öffentliche Raum buchstäblich ein solcher, der Ort, wo die Mitglieder der Gesellschaft zusammenkommen und sich von Angesicht zu Angesicht austauschen. In komplizierteren Gesellschaften ist der öffentliche Raum eine Metapher, der Austausch ist verschriftlicht und verbildlicht, er erfolgt über Medien. Das Analogon zum Kartenraum des Gehirns ist der kulturelle Aufzeichnungsspeicher. Er enthält die Gesamtheit der schriftlichen und nichtschriftlichen Aufzeichnungen der Gesellschaft, alles, was Inhalt von Speichermedien ist. Hier greift der zweite fundamentale Unterschied zwischen dem Erinnerungsprozess des Einzelnen und dem der Gesellschaft: Der kulturelle Aufzeichnungsspeicher ist zwar nicht im Ganzen, aber sehr wohl in Teilen bewusst geordnet. Die Elemente sind weniger fragmentarisch, häufig sind gar keine oder nur geringfügige Transformationen notwendig, um die Elemente im Erinnerungsbereich als Erinnerungen auszuweisen. Erinnerungsstrategien greifen auf den kulturellen Aufzeichnungsspeicher zu, sie aktualisieren Elemente aus dem Aufzeichnungsspeicher, indem sie diese in die Erinnerungsbereiche verschieben, und sie bearbeiten diese dort. Das gesellschaftliche Gedächtnis besteht aus dem kulturellen Aufzeichnungsspeicher und den gesellschaftlichen Erinnerungsstrategien.

Ein weiterer Unterschied ergibt sich bei den Erinnerungsstrategien. Die entsprechenden Dispositionen des Einzelnen sind durch seine Lerngeschichte geformt. Diese vollzieht sich jedoch auf der Basis eines Substrats, das nicht erworben, sondern angeboren ist. Die Erinnerungsstrategien der Gesellschaft sind gleichfalls das Ergebnis ihrer Geschichte. Aber die Gesellschaft ist freier, sie kann völlig neue Mechanismen der Erinnerung erfinden, die keine Bindung zu bereits etablierten aufweisen.

Wie im Fall der entsprechenden Dispositionen des Einzelnen sind auch die Erinnerungsstrategien der Gesellschaft keineswegs grundsätzlich ausformuliert, geschweige denn schriftlich niedergelegt. Alle Wissenschaften vom Menschen beschäftigen sich implizit oder explizit mit den Erinnerungsstrategien der Gesellschaft, sie können gar nicht anders. Der Roman, schnittstellenerfahren wie er ist, befindet sich in einer privilegierten Position, das Verhältnis der Erinnerungen der Einzelnen zu den gesellschaftlichen Erinnerungen zu beleuchten.

23. Das autobiographische Selbst

Das Subjekt hat nicht aufgegeben. Es existiert buchstäblich keine philosophische, natur- oder geisteswissenschaftliche Theorie, die sich des Subjekts nicht entledigt hätte, vorzugsweise mit theatralischem Aplomb, und in die sich das Subjekt nicht, meist mit einer lustigen Verkleidung, durch die Hintertür wieder hereingeschlichen hätte.

Das autobiographische Selbst muss die Frage beantworten können, welche inneren und äußeren Merkmale es als charakteristisch für sich ansieht, wodurch es sich im Einzelnen von allem unterscheidet, was nicht es selbst ist. Darüber hinaus muss das autobiographische Selbst eine gewisse Stabilität und Kontinuität bewahren. Die charakteristischen Eigenschaften dürfen und müssen sich im Zeitablauf ändern, aber nicht zu abrupt. Wenn Ich jeden Augenblick und völlig unvorhersehbar ein anderer ist, dann macht der Begriff des Selbst keinen Sinn mehr. Über dieses Kriterium der Kontinuität feiert der Gedanke der Historizität ein lazarusartiges Comeback: Das autobiographische Selbst hängt davon ab, wie es angefangen hat und welchen Zeitpfad es nahm.

Das autobiographische Selbst positioniert den Bewusstseinsträger zeitlich und räumlich in der Welt, darunter die Gesellschaft. Gesellschaft in einem nichttrivialen, nicht-automatenhaften Sinn wird überhaupt erst durch autobiographisches Bewusstsein möglich. Die einzelnen Menschen unterscheiden sich um Größenordnungen mehr durch ihr Verhalten als durch ihre physiologischen Funktionen. Das Herz und die Nieren funktionieren bei jedem auf die gleiche Weise. Wäre das Verhalten der Einzelnen einfach nur irgendwie unterschiedlich, könnte sich keine Gesellschaft ergeben. Das in der linken Gehirnhemisphäre prozessierte autobiographische Bewusstsein kanalisiert und sortiert das Verhalten der Mitglieder der Gesellschaft.

In den modernen Gesellschaften hat das autobiographische Selbst unzählige wichtige Funktionen. Die beiden allerwichtigsten sind:

– Das Auto-Selbst ermöglicht und fördert die Arbeitsteilung. Wenn jedes Mitglied der Gesellschaft jeden Moment etwas anderes macht, und das auch noch unvorhersehbar, kommt es niemals zu komplexen materiellen oder geistigen Leistungen, die auf ein stetiges, geplantes Ineinandergreifen einzelner Aktionen angewiesen sind.
– Das Auto-Selbst ist die Voraussetzung für Lernen.

Wenn keine Instanz existiert, die das Gelernte speichert und anwendet, ist kein Lernen möglich. Wer sollte dann lernen? Über das Lernen wird natürlich die Arbeitsteilung optimiert.

Das autobiographische Selbst ist eine Disposition, aus einem inneren oder äußeren Anlass Karten zu generieren, die damit zu tun haben, auf welche Weise der Bewusstseinsträger im Zeitverlauf der geworden ist, der er jetzt ist, und welcher sein jetziger Ort ist. Die Karten beziehen sich auf ›seine‹ Geschichte.

Der äußere Anlass ist gern eine Verhaltens- oder Handlungsaufforderung, die nicht reflexhaft beantwortet werden kann. Der innere Anlass kann ein stattgehabtes oder vorweggenommenes Erlebnis sein, das in irgendeiner Form einen Widerspruch zu anderen Erlebnissen bildet, wobei die Notwendigkeit empfunden wird, diesen Widerspruch mindestens zu klären, ihn vielleicht auch aufzuheben. Es gibt Wahlmöglichkeiten, die gewichtet werden müssen, dazu wird auf Kognitionen und Gefühle zurückgegriffen, die in der einen oder anderen Form in vergleichbaren Situationen der Vergangenheit herangezogen wurden.

Die Autobiographie ist dem Bewusstseinsträger nicht einfach gegeben. Jede Autobiographie wird jedes Mal neu konstruiert. Kein Bewusstseinsträger – außer Gott – ist dazu in der Lage, sich seine gesamte bisherige Existenz zu vergegenwärtigen. Aus Kapazitätsgründen muss jede Form von autobiographischem Bewusstsein auswählen. Die hauptsächlichen Elemente des auto-biographischen Bewusstseins sind Erinnerungen. Ein Anlass führt dazu, dass bestimmte Erinnerungen kon-struiert werden, die in einem besonderen Verhältnis zum Protoselbst stehen: Sie müssen an das Protoselbst unmittelbar anschlussfähig sein. Werden diese Erinne-rungen geordnet, muss diese Ordnung mit dem Kern-selbst kompatibel sein. Für die Konstruktion der Au-tobiographie gibt es eine wichtige Beschränkung: Die neue Autobiographie muss mit der letzten konstruier-ten und präsentierten Autobiographie kompatibel sein. Sie sollte ihr nicht widersprechen, Differenzen müssen erklärbar sein. Tritt doch ein Widerspruch auf, muss der in irgendeiner Form aufgelöst werden.

Der Druck, biographische Widersprüche zu reduzie-ren, macht Sinn sowohl für die Gesellschaft als auch für den Einzelnen. Aus der Sicht der Gesellschaft hat jemand, dessen Biographie zu viele Widersprüche auf-weist, schlicht keine Biographie. Wenn die anderen nicht wissen, woran sie sich halten sollen, ist das ge-nauso gut, als wenn sie gar nichts wissen. Der Einzelne stabilisiert sein eigenes Verhalten durch Rückgriff auf seine eigene Biographie. Weist die zu viele Widersprü-che auf, kann sie nicht als Leitschnur für zu treffende Entscheidungen dienen.

Eine einfache Erinnerung kann so ziemlich jedes Format haben. Erinnerungen brauchen nicht geordnet zu sein, schon gar nicht chronologisch, eine eventuelle Ordnung ist Sache des sich Erinnernden. Was als Biographie durchgeht und was nicht, ist in hohem Maß von der Gesellschaft bestimmt. Die entsprechenden Anforderungen betreffen mehr das Format und die Erwünschtheit des Lebenslaufs. Eine Biographie muss eine Chronologie aufweisen. Es besteht kein Zwang zur Linearität, aber die Chronologie sollte nicht nur vom Autobiographen, sondern auch von Außenstehenden nachvollziehbar sein. Nicht nur Literaten haben sich schon zu ihrem eigenen Nachteil in ihrer Biographie verheddert.

Zum Format der Biographie gehört auch eine Vorselektion der Inhalte. Keineswegs alles, was Erinnerung ist, taugt als Bestandteil von Biographie. In den modernen Gesellschaften ist die Biographie naturgemäß in hohem Maß verschriftlicht. Dazu muss der Bewusstseinsträger nicht unbedingt Romanleser sein oder sich für die Biographien anderer Leute interessieren. Mittlerweile werden Seminare für Bewerbung oder Karriereplanung angeboten, deren Lernziel unter anderem darin besteht, dass der Seminarbesucher im Fall – sei es im Bewerbungsgespräch, sei es in geschäftlich nützlichen Diskurssituationen – schlüssig ausbreiten kann, wie sich sein Berufs- und Privatleben aus seinen Fähigkeiten und seinen Entscheidungen entwickelt hat. Für den Manager ist vor allem eins wichtig: Er soll zu jeder Zeit, in jeder Situation wissen, was er will. So muss auch sein Lebenslauf aussehen. Der soll das Ergebnis bewusster, richtiger, will heißen, für die Firmen, denen er angehörte, und für ihn selbst nützlicher Entscheidungen sein. Eventuelle Zufälle im Lebenslauf sollten dekorativ sein. Aber eigentlich darf es sie nicht geben. Der Seminarleiter ist dann ein Könner, wenn der Seminarbesucher an den selbstgesteuerten Lebenslauf glaubt, den er entsprechend der Schulung konstruiert und formuliert hat. Ein damit verbundenes Lernziel: Wer an das glaubt, was er sagt, tut sich leichter, andere zu überzeugen. Was das autobiographische Bewusstsein angeht, gewährt der Kapitalismus den unteren Chargen – und den Künstlern – ungleich größere Freiheiten als seinem Führungspersonal. Je weniger qualifiziert die Tätigkeit, desto malerischer darf der dann irrelevante Lebenslauf ausfallen.

Das Kernselbst ist niemals abgeschaltet. Das ist beim autobiographischen Selbst anders. Der Mensch befindet sich nicht ständig im Vorstellungsgespräch, er schreibt seinen Lebenslauf einmal und ergänzt ihn in Abständen, er wohnt nicht in der Praxis seines Therapeuten, im Regelfall muss er seinem Partner nicht immer wieder *from the scratch* seine Vergangenheit ausbreiten. Der Mensch braucht nicht ständig über seine Geschichte nachzudenken, geschweige denn sie stets im Bewusstsein zu haben. Aus der Sicht der Gesellschaft ist es dysfunktional und pathologisch, wenn sich das Bewusstsein des Einzelnen zu oft im autobiographischen Modus befindet. Es sei denn, der Einzelne ist Blogger, Schriftsteller oder eine sonstige Persönlichkeit, die Tagebuch führt.

Die Zeit ist in jedem Organismus, den es noch gibt, präsent. Auch niedrigste Organismen lernen in dem trivialen Sinn, dass ihr zukünftiges Verhalten von den vergangenen Wechselwirkungen mit ihrer Umwelt beeinflusst wird. Aber die Zeit wird nicht isoliert, geschweige denn manipuliert. Irgendwo zwischen dem Protoselbst und dem Kernselbst – es ist peinlich, sich so auszudrücken, aber der Forschungsstand ist nicht präziser – entstehen Zeit und Möglichkeiten als Variable, die vom Gehirn beeinflusst bis gestaltet werden können. Das Gehirn hat einen Begriff von Zeit und einen Begriff von Möglichkeit. Das Gehirn erzeugt Karten, die sich auf Zustände beziehen, die nicht verwirklicht sind. Hier sind natürlich vor allem solche Zustände interessant, die durch entsprechendes Verhalten in der Zukunft verwirklicht werden können, die Stichworte sind Absichten, Probehandeln. Vom Protoselbst bis zum autobiographischen Selbst wird die Zeitspanne immer länger: Während das Protoselbst mit der Auswahl von Verhaltensalternativen binnen Sekunden oder Minuten befasst ist, handelt das autobiographische Selbst von Entscheidungen, die im Verlauf von Tagen oder Monaten getroffen werden oder sogar über Jahre reifen. Naturgemäß sind die Zeitspannen, die für das Bewusstsein der Gesellschaft relevant sind, noch einmal deutlich länger als diejenigen im Zusammenhang des autobiographischen Bewusstseins des Einzelnen.

Worin liegt der Vorteil, Zeit und Möglichkeiten als manipulierbare Variable zu besitzen? Hier deutet der

Kapitalismus mit einer triumphierenden Geste auf den Begriff der Investition, der ihn groß gemacht hat. Eine spontane kleinere Anerkennung wird zurückgestellt zugunsten einer größeren Belohnung in der absehbaren Zukunft. Der Verzicht auf gegenwärtige Vorteile führt zu größeren zukünftigen Vorteilen.

Gewissheit wie Bewusstsein sind zuerst kognitive Begriffe. Aber damit ist es nicht getan. Wenn jemand etwas weiß und sich sowohl der gewussten Sache wie des diesbezüglichen Wissens bewusst ist, dann treten auch das Gefühl der Gewissheit und dasjenige der Bewusstheit auf. Der Mensch ist nicht einfach ein bewusster Automat. Der Mensch ist ein bewusst bewusster Automat. Die Gefühle Gewissheit und Bewusstheit haben die gleiche Funktion wie alle anderen Gefühle: Sie beeinflussen die Erzeugung von Karten durch das Gehirn. Das Gefühl der Gewissheit in Bezug auf bestimmte Karten wird immer dazu führen, dass das Gehirn die Produktion von anderen Karten, die mit den Ersteren nicht vereinbar sind, unterdrückt. Wogegen das Gefühl der Ungewissheit immer die Produktion genau solcher Karten anregen wird.

Welche ist die Wirkung des Gefühls der Bewusstheit? Auch wenn ein anderer Eindruck entstanden sein sollte: Bewusstsein allein kann Bewusstsein nicht kontrollieren. Bewusstsein ist auch ein Programm. Als solches besitzt es einen gewissen Grad von Selbststeuerung. Was jetzt im Bewusstsein ist, bestimmt mit, was als

Nächstes im Bewusstsein sein wird. Wenn das Programm einmal gestartet ist, läuft es jedoch keineswegs von allein, selbstbestimmt, weiter. Der Körper und die Umwelt liefern Impulse, die wesentlich beeinflussen, was ins Bewusstsein kommt und was nicht. Weder der Bewusstseinsträger noch das Bewusstsein vermögen diese Impulse zu beherrschen.

Etwas befindet sich im inneren Arbeitsbereich oder nicht, etwas ist bewusst oder nicht –? So einfach liegen die Dinge nicht. Vom Standpunkt des Bewusstseins aus wird die Welt eingeteilt in den Teil, der im Arbeitsbereich aktualisiert ist, und in den Rest. Aber das Bewusstsein hat nicht die scharfen Ränder, die sich die Philosophen gewünscht haben. Denn der Inhalt des inneren Arbeitsbereichs bleibt ja niemals auch nur für kürzere Zeit derselbe. Tatsächlich verändert er sich mit jedem neuronalen Signal, das ihn betrifft. Das erschwert es sehr, den Inhalt zu einem bestimmten Zeitpunkt genau anzugeben. Kann die Schwierigkeit durch Training überwunden werden? Jemand, der den Inhalt seines Bewusstseins genau bestimmen will, übt, diesen über einen gewissen Zeitraum konstant zu halten. Aber diese Übung hat eine Rückwirkung: Wer bewusst an die Ränder seines Bewusstseins geht, besitzt allein dadurch unvermeidlich ein anderes Bewusstsein. Der Bestimmungsversuch sabotiert sich selbst. Das Gefühl der Bewusstheit ist ein Gegengewicht zu den ausfransenden Rändern des Bewusstseins. Es fokussiert und konzentriert den Inhalt des Bewusstseins, in-

224

dem es ihn permanent auf den Bewusstseinsträger und seine jeweilige physiologische und Lebenssituation rückbezieht.

Im Augenblick hat das Bewusstsein Konjunktur. Aber das hat nur wenig mit seinen zentralen Funktionen beziehungsweise Leistungen zu tun. Wissenschaftlicher Erkenntnisfortschritt wird in zunehmendem Maß durch den Einsatz von Maschinen und finanziellen Mitteln erreicht. In der Mathematik steigt die Zahl der Beweise, die derart verästelt sind, dass sie ohne den Einsatz von IT nicht zu überblicken wären. Der Large Hadron Collider, mit dem das Standardmodell der Teilchenphysik überprüft beziehungsweise abgerundet werden soll, kostet über sechs Milliarden Euro. Aber nur in der Mathematik führt der Mehreinsatz von Werkzeug zu mehr und größerer Sicherheit. In den empirischen Wissenschaften steigern Werkzeug und Geld keineswegs notwendigerweise den Grad der erreichbaren Gewissheit. Weder der Einzelne noch die Gesellschaft können sich in entscheidenden Fragen auf Gewissheiten stützen. Auch die Gesellschaft geht immer Wetten ein, wenn sie Mittel in diese Projekte steckt und in jene nicht.

Die Welträtsel werden nicht gelöst, und es werden immer mehr. Der Einzelne wie die Gesellschaft muss sich orientieren. Ganz egal, auf welche Weise der Begriff des Bewusstseins gefasst wird, Orientierung ist immer ein Teil des zentralen Begriffsinhalts. Weil Gewissheiten so selten geworden sind, steht der Begriff des Bewusstseins so hoch im Kurs: Die Methode Bewusstsein soll der Fixpunkt sein, der sich als Ergebnis nirgendwo einstellen will.

24. Bewusstsein und Symbole

Eine prominente Denklinie leitet Bewusstsein grundsätzlich aus dem Umgang mit Symbolen ab. Der Bewusstseinsträger muss über einen internen Arbeitsbereich verfügen, in dem er mit den Gegenständen des Bewusstseins umgehen kann. Das lässt sich leider nicht wirklich präziser ausdrücken. Denn als Gegenstände des Bewusstseins kommen ausnahmslos alle Karten und Bestandteile von Karten in Frage, die der Organismus zu erzeugen in der Lage ist. Zugleich stellt sich die Verfügungsmöglichkeit je nach Gegenstand sehr unterschiedlich dar: Bestimmte Inhalte drängen sich ins Bewusstsein und machen dort, was sie wollen, während der Bewusstseinsträger andere Inhalte in hohem Maß beeinflussen und lenken kann.

Die Symboltheorie des Bewusstseins geht davon aus, dass die Objekte im internen Arbeitsbereich Symbole sind, die in bestimmten Beziehungen zur Außenwelt des Bewusstseinsträgers stehen. Der Grundgedanke lautet: Bewusstsein liegt dann vor, wenn nicht nur Symbole als Symbole erkannt werden, sondern wenn erkannt wird, dass Symbole als Symbole erkannt werden. Symbolorientiertes Bewusstsein in diesem Sinn stellt einen Spezialfall der Beobachtung zweiter und höherer Ordnung dar.

Eine zeitgemäße Metapher für den Arbeitsbereich ist der Bildschirm. Gemäß dieser Metapher bedeutet Bewusstsein in einem trivialen Sinn, Objekte auf dem inneren Bildschirm zu haben, diese sind dann bewusst. Bewusstsein in einem nichttrivialen Sinn meint, die Objekte auf dem inneren Bildschirm nach gegebenen Gesetzmäßigkeiten zu manipulieren, das Verhalten der Objekte zu registrieren und auf der Basis dieses so gewonnenen Kenntniszuwachses neue Gesetzmäßigkeiten zu konstruieren.

Der Bewusstseinsträger ›hat‹ die Gegenstände niemals, sie sind einzig und allein auf seinem Schirm da. Diese Art von Bewusstsein ist kein Selbstzweck oder zumindest nicht als solcher entstanden. Sondern als Nebenprodukt dessen, dass der Träger danach strebt, sich in seiner räumlichen und seiner gesellschaftlichen Umwelt zu orientieren. Er ist orientiert, wenn sich die Steuerung der Schirmbilder durch die Sinnesorgane mit der Steuerung der Schirmbilder durch die Umgebung deckt.

Die Anhänger der Symboltheorie des Bewusstseins formulieren gern, die Symbole stellten Abbilder der Außenwelt des Bewusstseinsträgers dar, der habe ein Modell der Außenwelt, das er aufbaue, ausbaue und anwende etc. Diese epistemologische Regression hat nichts mit der Bewusstseinsfrage zu tun.

Alle Arten von Symbolen wirken auf die Welt und auf sich selbst zurück. Dass diese Rückwirkung auch etwas mit Bewusstsein zu tun hat, führen beispielhaft Mathematik und Software vor: Jemand, der ein neues mathematisches Gebiet erschließt oder der eine neue Software schreibt, wird immer auch neue Symbole definieren. Dem Urheber dieser Neudefinitionen wird es zunächst eher nicht gelingen, die Komponenten dieser Definitionen von seinem inneren Bildschirm zu eliminieren. Der Zweck der Definition und deren Komponenten bleiben ihm bewusst. Einem anderen, der sich in das mathematische Gebiet oder die Software einarbeitet, wird es dagegen anfangs schwerfallen, die für ihn neuen Symbole überhaupt mit etwas zu verbinden, die ›nackten‹ Zeichen mit ›echten‹ Bedeutungen zu unterlegen. Erst im Umgang mit den neuen Symbolen werden die Komponenten der Definition bewusst. Binnen welcher Zeit der Zweck der Definition an die Oberfläche des Bewusstseins schwappt, das hängt von der Intelligenz des Neulings ab.

Die Aktivierung vertrauter kognitiver Moduln ruft grundsätzlich ein elementares Sinngefühl hervor. Aber dieses Sinngefühl sagt nichts über die jeweils beteiligten Symbole als Symbole aus. In Bezug auf Symbole tritt das elementare Sinngefühl nur dann auf, wenn mit den Symbolen in einer Weise umgegangen wird, die in einem wichtigen Zusammenhang mit der biologischen Situation und der Position in der Gesellschaft des organischen Bewusstseinsträgers steht.

Der *linguistic turn*, die Tendenz, philosophische Probleme durch Hinwendung zu ihrer sprachlichen Präsentation zu analysieren, trat in zahlreichen Versionen auf. Die strengste ist diejenige, die alle Arten von kognitiven Fragestellungen auf die Probleme der Berechenbarkeit und Entscheidbarkeit reduziert. Es wird angenommen oder besser gefordert – secundum non datur –, dass sprachliche Artefakte grundsätzlich in Symbolketten übersetzbar sind, die Realisierungen einer bestimmten Unterklasse von Automaten im mathematischen Sinn, nämlich T-Maschinen, darstellen.

Ein Automat ist eine abstrakte oder konkrete Maschine, die sich bei gleichen inneren und äußeren Bedingungen immer gleich verhält. Der Automat befindet sich in einem definierten inneren Zustand. Der Input des Automaten besteht aus Symbolen. Wird von außen ein Symbol eingegeben, ändert sich der innere Zustand des Automaten gemäß einer Vorschrift, die jeder Kombination von Zustand des Automaten und eingegebenem Symbol einen Folgezustand zuordnet. Die Vorschrift ist das Programm des Automaten. Eine T-Maschine ist ein Automat, der neben dem inneren Zustand auf ein Band mit unendlich vielen sequenziell angeordneten Feldern und einen beweglichen Lese- und Schreibkopf zugreift. Die Symboleingabe erfolgt über das Band, das nach dem Programm der Maschine durch Löschen und Überschreiben verändert wird. Die Veränderung erfolgt schrittweise, der Lese-/Schreibkopf liest das Zeichen im betrachteten Feld, löscht es und schreibt, gemäß dem Programm, ein anderes oder das gleiche Zeichen in das Feld. Dann bewegt sich der Lese-/Schreibkopf nach rechts oder nach links, oder er bleibt stehen.

Die T-Maschinen stellen deshalb eine herausragende Automatenart dar, weil mit ihnen ein sehr weitreichender Anspruch verbunden ist: Die Klasse der mit den T-Maschinen berechenbaren Funktionen ist genau die Klasse der nach intuitiven Maßstäben berechenbaren Funktionen. Die These ist nicht beweisbar, weil der Begriff der intuitiv berechenbaren Funktion nicht hinreichend zu präzisieren ist. Der Begriffsumfang bleibt offen. Jeder Computer, jedes Computerprogramm ist eine T-Maschine in dem Sinn, dass es möglich ist, eine T-Maschine zu konstruieren, die genau das leistet, was der Computer beziehungsweise das Programm vollbringt. Alles deutet auf die Korrektheit der These hin, daraufhin, dass es nicht möglich ist, einen Computer zu bauen, der mehr berechnen kann als die bekannten Computer – dabei ist natürlich von den Themen Speicherkapazität und Verarbeitungsgeschwindigkeit abgesehen.

Ein biologischer Organismus versteht eine Symbolkette, wenn er ein adäquates Modell für sie hat: Eine vorgelegte Symbolkette passt entweder in eine vorhandene Laufumgebung, oder der Organismus konstruiert aus einer vorhandenen Laufumgebung eine neue, in welche die Symbolkette passt. Eine Laufumgebung ist eine T-Maschine, die aus einer ›Algebra‹ von T-Maschinen besteht, in der die Submaschinen in bestimmter Weise ineinandergefaltet, kompliziert sind. Derjenige, diejenige oder dasjenige, was die Faltung bewirkt, ist der Komplikator. Eine Symbolkette passt in eine Laufumgebung, wenn sie von einer vorhandenen Submaschine akzeptiert wird und wenn diese Submaschine stufenlos in immer umfangreichere Algebren von T-Maschinen eingefaltet ist, wobei es schließlich eine Kopplung zum Repertoire der physischen Verhaltensprogramme des Organismus geben muss. *Schon hart.*

Was in diesem Zusammenhang »passen« bedeutet, lässt sich leicht formalisieren. Die Struktur einer Symbolkette ist eine T-Maschine, die feststellt, ob die Symbolkette zu einer bestimmten Kategorie von Symbolketten gehört oder nicht. Eine triviale Struktur enthält die Symbolkette bereits Symbol für Symbol, bei nichttrivialen, faltenden Strukturen ist das nicht der Fall. Eine T-Maschine, welche die Symbolkette akzeptiert, indem sie zum Halten kommt, stellt ebenfalls eine Struktur der Symbolkette dar.

Der Sinn eines Symbols ist eine T-Maschine. Der Sinn einer T-Maschine ist eine andere T-Maschine. Alles, was T-Maschinen faltet, ist ein Komplikator. Prominente Komplikatoren sind etwa das Unbewusste und der Komplex des Ästhetischen. Das Unbewusste ist nicht als Vorrat von Bildern oder sprachlichen Artefakten aufzufassen, sondern als Mechanismus und Stil des Trennens und Zusammenfügens von sprachlichen Artefakten und Bildern. Verdrängen heißt schlicht, dass der Komplikator gewisse Faltungen nicht vornimmt.

Nachdem Mitteleuropa – jedenfalls im Roman des österreichischen Erkenntnistheoretikers und Sprachphilosophen – verbessert ist, generiert die Konzentration auf Berechenbarkeit und Entscheidbarkeit irisierende literarische Einsichten über den Sinn von Sinn: Der Sinn sei ein Behelf, den Mangel an formaler Kapazität auszugleichen. Hinter der nützlichen Illusion des ›Sinns‹ stehe nur der Automatismus des Übergangs von einem Zustand der Maschine in einen anderen und die damit verbundene Gesetzmäßigkeit des Lesens, Löschens und Schreibens von Zeichen. An sich sei keine Maschine und keiner dieser Übergänge vor anderen ausgezeichnet, außer durch Einschränkungen, die aus der kollektiven und individuellen Geschichte der Körper herrühren. Der Organismus bemerke sich als eine Sinnblase, die epiphänomenal an die Sinnlosigkeit des physikalischen Geschehens gebunden sei. Dabei bedeute ›sinnlos‹ nicht irgendein blindes Walten, es bezeichne die Unangemessenheit der sinnhaften, gestalthaften Auffassung des Organismus. Die Figur des Dandys verkörpere die absolute Gewissheit, dass der ganze Inhalt *surplus* ist, wenn das Formale steht. Das Immerwieder-Erkennen und das Immer-wieder-Vollziehen des Tatbestands, dass Sinn nur ein Konstrukt der Automatentheorie ist, mache den Lebensinhalt des Dandys aus. Natürlich hat die Selbstwahrnehmung als Sinnblase nichts zu tun mit dem elementaren Sinngefühl bei der Aktivierung vertrauter kognitiver Moduln. Das Dandy-Gefühl wäre kein solches, wenn es elementar wäre.

Ist der Dandy glücklich? Glück interessiert ihn nicht. Ist der Dandy Realist? Die Realität interessiert ihn noch weniger. Ist der Dandy ein Zyniker? Der Dandy kann mit dem Unterschied zwischen Gut und Böse nicht viel anfangen. Ist der Dandy ein Automat? Der Dandy hegt die Überzeugung, er ist genau deswegen kein Automat, weil er eine unendliche Kombination von Automaten ist. Der Dandy glaubt, er hat als Einziger den Anschluss an die Unendlichkeit gefunden.

Eine gemäß der Symboltheorie des Bewusstseins entscheidende Charakteristik von Kunst besteht darin, dass der erfassende Organismus für die entsprechende Symbolkette mehr als ein adäquates Modell hat: Mehrere Strukturen springen parallel an, keine dieser Strukturen ist durch die Laufumgebung privilegiert, die durch die Präsentation der Symbolkette nahegelegt wird. Selbst wenn eine Struktur im Fokus der Betrachtung persistiert, so bleibt immer das Signal erhalten, dass auch andere Strukturen entdeckt wurden. Computer und T-Maschinen entstanden nicht, um das menschliche Denken abzubilden, sondern um das Rechnen nachzuvollziehen. Die eben beschriebene Erfahrung stellt ohne Zweifel den Kern des ästhetischen Erlebnisses eines menschlichen oder nicht-menschlichen Rechners dar. Die künstlerische Intention als absichtsvolle Erzeugung von Symbolen und Symbolketten, die parallele Modelle fordern, ist ein besonders wirkungsvoller Komplikator.

Es ist richtig: Auch die komplexeste Symbolkette ist als T-Maschine darstellbar, als Ergebnis der Kombination des Lesens, Löschens und Schreibens eines Schreib-/Lesekopfes über einem unendlichen Band gemäß einer vorformulierten Vorschrift. Aber der Erkenntniswert dieser Fixierung auf Berechnen und Entscheiden ist begrenzt. Das gilt sowohl für den Bereich des Kognitiven im engeren Sinn als auch für die umfassendere Ambition der Klärung der Funktionsweise des menschlichen Geistes.

Ein biologischer Organismus und seine Umwelt bestehen aus Molekülen und diese aus Atomen. Das sind die Grundbestandteile. Die Hochenergiephysik untersucht die kleinsten Materiebestandteile, die Biologie beschäftigt sich mit biologischen Organismen und ihren Umwelten. Das Einzige, was man über das Zusammenspiel der beiden Wissenschaften sagen kann, ohne sich lächerlich zu machen, ist: Bei der Hochenergiephysik sollte nichts herauskommen, was die Entstehung biologischer Organismen unmöglich machen würde. Für ausgewählte biologische Fragestellungen ist es sinnvoll, Teile von biologischen Organismen und Ausschnitte aus ihren Umwelten auf ihre atomaren Bestandteile zu reduzieren. Damit ist jedoch noch keineswegs entschieden, ob man biologische Organismen und ihre Umwelten tatsächlich komplett auf ihre atomaren Bestandteile reduzieren kann oder nicht. Aber das spielt gar keine Rolle: Es bringt nichts, Biologie auf Teilchenphysik zu reduzieren. Denn die zentralen Probleme, die Biologie und Teilchenphysik zu lösen versuchen, sind völlig unterschiedlich.

Für alle kognitiven Prozesse spielen T-Maschinen eine Rolle. T-Maschinen gehören zu den Grundbestandteilen von kognitiven Prozessen. Aber so wenig es sinnvoll ist, Biologie auf Teilchenphysik zu reduzieren, so wenig scheint es geraten, Kognition auf Automatentheorie zu reduzieren. Das Hauptproblem der Anwendung der Automatentheorie auf kognitive Prozesse besteht darin, dass neben den Konstruktionen der Automatentheorie alles gleich ist. Ein kognitiver Prozess wird grundsätzlich als Faltung von T-Maschinen aufgefasst, die Faltung erfolgt durch Komplikatoren. Natürlich ist nicht ein Komplikator wie der andere. Warum gerade dieser und nicht jener Komplikator zum Einsatz kommt, wieso gerade diese Kombination von Komplikatoren fruchtbar ist und jene nicht, das sind wichtige Fragen, die die Automatentheorie nicht beantworten kann, gar nicht beantworten will. Überspitzt könnte man formulieren: Die Automatentheorie ist nichts anders als die Straßenverkehrsordnung, die den Verkehr der Komplikatoren regelt.

Was den Menschen betrifft, gewinnen die Prozesse des Lesens, Löschens und Schreibens von Symbolen nur im

236

Zusammenhang mit seiner Existenz Bedeutung. Das gilt natürlich auch für die Neukombination von existierenden und die Neuerfindung von Symbolen. Der Garant und das Signum der menschlichen Existenz sind die Gefühle. Die Gefühle sind der wichtigste Komplikator.

Aus automatentheoretischer Perspektive ist es naheliegend, innere Empfindungen lediglich als Steuerungssignale zu modellieren, die für sich gesehen keine spezifischen kognitiven Inhalte generieren. In der Tat mag der Mensch beschließen, die Schmerzen zu ignorieren, die er empfindet. Aber vielleicht ist er ein Hypochonder und beziehungsweise oder ein literarischer Mensch, und er fasst den Vorsatz, die Erfahrung seiner Schmerzen auszukosten. Etwa, indem er analysiert, wann, wo, unter welchen Umständen er genau welche Schmerzempfindungen hat, indem er die Schmerzempfindungen beschreibt und zum Bestandteil eines erzählenden Zusammenhangs macht.

Das Schreiben von Romanen ist ohne Zweifel eine kognitive Aktivität. Im Einzelfall, für die Untersuchung bestimmter Aspekte dieser Aktivität, mag es sinnvoll sein, formale Betrachtungen über Entscheidbarkeit oder Berechenbarkeit anzustellen. Aber es führt nicht weiter, das Romaneschreiben allgemein und ganz und gar als bestimmte Faltung von T-Maschinen darzustellen. Wo nur Symbole drin sind, können auch nur Symbole rauskommen.

.

Die Beschäftigung damit, was ein Symbol ist und wie Symbolsysteme intern funktionieren, ist eine von vielen Komponenten einer vernünftigen Behandlung der kognitiven Fähigkeiten und Fertigkeiten des Menschen. Die Fokussierung auf Symbole führt jedoch regelmäßig dazu, den Blick auf bestimmte Beziehungen der Symbole zu anderen Symbolen zu richten und darüber die Rolle der Symbole im viel umfassenderen Zusammenhang, für das Existieren des Menschen, zu vernachlässigen.

25. Bewusstsein und der Roman

Die Gesellschaft beobachtet sich und erkennt sich wieder, auf diese Weise setzt sie sich fort. Wie das Gehirn des einzelnen unablässig Karten produziert, so generieren die modernen Gesellschaften unaufhörlich Versionen ihrer selbst. Solche, die verwirklicht sind, solche, die verwirklicht werden sollen, und solche, die niemals Realität sein können. Jedes Ergebnis einer von einer Gesellschaft organisierten kognitiven Aktivität stellt auch eine Version dieser Gesellschaft dar. Für die Geisteswissenschaften und die Kunst ist das trivial. Gegenstand der Geisteswissenschaften ist der Mensch, Kunst ist immer Kunst für den Menschen. Was die Naturwissenschaften betrifft, geht niemand mehr von einem vom Menschen unabhängigen Naturbegriff aus. Die Natur ist ein Konstrukt. Der Blick darauf ist derjenige der Gesellschaft, im Blick bildet sich die Gesellschaft ab.

Während beim Einzelnen die Kartenerzeugung durch Gefühl und Bewusstsein gesteuert wird, versucht die Gesellschaft, ihre Versionen durch die Kombination von Praxis in Form der Religions-, Moral-, Rechts- und Wirt-

schaftssysteme sowie der Wissenschafts- und Kunst-
systeme auf der einen Seite und gesellschaftlichem Bewusstsein auf der anderen Seite zu kontrollieren.

Der Einzelne verfolgt Absichten. Auch eine Gesellschaft
besitzt Absichten. Einfache Gesellschaften streben danach, die Subsistenz auf spezifische Weise zu gewährleisten. Gesellschaften versuchen, andere Gesellschaften zu unterwerfen beziehungsweise zu zerstören. Die
modernen Gesellschaften verfügen über eine Methode,
diffuse oder divergierende Absichten zu strukturieren:
die repräsentative Demokratie. Die tatsächliche gesellschaftliche Entwicklung wird jedoch nur in geringem Ausmaß durch formelle demokratische Prozesse
bestimmt. Zudem vollziehen demokratische Prozesse
häufig nur eine bereits vorher bestehende Übereinstimmung formell nach. Die Praxis der Religions-, Moral-,
Rechts- und Wirtschaftssysteme wird so gut wie überhaupt nicht durch formelle Entscheidungen geregelt, sie
ist vielmehr geprägt durch die Praxis der Vergangenheit
und einen Konsens, diese unverändert oder verändert
fortzuführen. Wichtiger als formelle demokratische
Entscheidungen ist das gesellschaftliche Bewusstsein.

Beim Einzelnen müssen Gefühl und Bewusstsein keineswegs immer konform gehen. Wäre das der Fall, eins
von beiden wäre grundsätzlich überflüssig. Wenn jedoch
zwischen Gefühl und Bewusstsein zu viele und zu ekla-
tante Widersprüche bestehen, muss ein Anpassungspro-
zess erfolgen, der beide Seiten betrifft. Gleichermaßen

dürfen relevante Widersprüche zwischen gesellschaftlichem Bewusstsein und der Praxis der Religions-, Moral-, Rechts- und Wirtschaftssysteme nicht perseverieren. Sonst ist der Bestand der Gesellschaft gefährdet. In der Regel ist die Abfolge diejenige: Die bestehende gesellschaftliche Praxis prägt das gesellschaftliche Bewusstsein, technologische und ökonomische Innovationen schaffen die Voraussetzungen für ein anderes Bewusstsein, das andere gesellschaftliche Bewusstsein führt zu einer anderen gesellschaftlichen Praxis.

Wissenschaft ist immer in irgendeiner Form Problemlösung. Das gilt auch für die Versionen der Gesellschaft, welche die Wissenschaften zur Verfügung stellen. Wozu ist Kunst gut? Man stelle sich eine Gesellschaft vor, die nur wissenschaftliche Versionen ihrer selbst hervorbringt. Eine solche Gesellschaft wäre viel gefährdeter als eine, die zusätzlich künstlerische Versionen erzeugt. Die Gesellschaft ohne Kunst kennt nur Antworten auf Fragen, die sich hinreichend klar gestellt haben. Kunst konzentriert und präzisiert Unsicherheit und Unbehagen am Rand von Fragen und Antworten, sie stellt Fragen dort, wo es noch keine Fragen gibt. Kunst sorgt dafür, dass sich die Fragen und Antworten der Gesellschaft nicht durch Selbstbezug oder positive Rückkopplung auf Perspektiven verengen, die das Ganze der Gesellschaft aus dem Auge verlieren. Der Variantenpool für die Inhalte des gesellschaftlichen Bewusstseins wird exorbitant größer, künstlerische Versionen bedeuten eine enorme Steigerung der Freiheitsgrade des gesellschaftlichen Bewusstseins. Die Gesellschaft mit Kunst verfügt über ungleich größere Ressourcen, um auf Probleme zu reagieren.

Ist das alles, wozu Kunst gut ist? Hier ist eine Seitenbemerkung angebracht. Kunst wird häufig als eine Art Kompensation betrachtet –»Die Kunst gibt mir Kraft ...«. Im Leben des Betrachters, des Lesers, des Hörers gibt es Wendungen zum Schlechten, Schicksalsschläge, Leiden und unerwiderte Liebe. Der Kunst wird das Vermögen nachgesagt, den Einzelnen mit drei Generalstrategien zu entschädigen: *happy ending, very bad ending*, Überhöhung des Unglücks. Dafür muss die Kunst einen nicht zu geringen Erzählanteil aufweisen, der naturgemäß von allen Kunstsorten beim Roman am höchsten ist.

Die Entschädigung soll so funktionieren: Der Leser ›identifiziert‹ sich mit einem handelnden oder erleidenden Charakter, das meint, er tauscht temporär sein eigenes kognitives und gefühlsmäßiges Rüstzeug gegen dasjenige der Figur im Buch aus. Dazu dürfen die beiden Ausstattungen nicht völlig inkompatibel sein. Gewöhnlich laden gewisse, meist vom Autor nicht unbeabsichtigte Parallelen in den Lebenssituationen zum Austausch ein. Beim *happy ending* macht sich der Leser mittels des Romans für einen begrenzten Zeitraum ein Glück vor, das es für ihn nicht gibt und nicht geben kann. Das *very bad ending* relativiert das Unglück des Lesers, indem es zeigt, dass das Unglück noch viel größer sein könnte, als es tatsächlich ist. Die Überhöhung rechtfertigt das Unglück, indem es den Leser und sein Unglück in einen größeren Zusammenhang einordnet. Das Unglück des Lesers bedeutet etwas: Der Leser vollzieht stellvertretend für alle Menschen die Conditio humana. Nicht nur der Leser des Romans, auch dessen Autor soll auf diese Weise imstande sein, seiner schnöden Wirklichkeit zu entkommen beziehungsweise sie anders zu bewerten.

Es sind Zweifel anzumelden, ob die Literatur einem unglücklichen Menschen auf derart durchsichtige Weise Trost spenden kann. Wäre das der Fall, müsste es Möglichkeiten geben, den Tröstungsprozess entlang der beschriebenen Prinzipien zu optimieren. Vor allem Bestseller besitzen unleugbar eine gewisse Tröstungskapazität. Aber an der gezielten Produktion eines bestimmten Typs von Bestsellern ist jeder Verleger auf dem Planeten mindestens einmal gescheitert.

Kunstbeflissene Neurowissenschaftler stellen in diesem Zusammenhang gern auf die Idee der Perfektion ab. Ein glückliches Ende ist immer perfekt, ein besonders unglückliches Ende markiert eine Sorte von perfektem Unglück, die Überhöhung des Unglücks eine andere. Die Kunst soll trösten, weil sie eine Perfektion bietet, die im Leben außerhalb der Kunst nicht zu haben ist. Paradigma für Perfektion stellt die Farbwahrnehmung dar. Farben als angeborene Begriffe sind völlig eindeutig: Wenn ein Gegenstand Lichtstrahlen einer gewissen Wellenlänge reflektiert, dann entspricht den wahrgenommenen Strahlen genau eine Farbe. Erworbene Begriffe sind dagegen fast ausnahmslos ambivalent. Die Sehnsucht nach Perfektion sei ein Grundbedürfnis des Gehirns. Wenn das Gehirn ein so großes Unbehagen bei uneindeutigen Begriffen verspürt, warum ist es dann nicht bei seinen eindeutigen Begriffen geblieben? Auch hier ist natürlich der Trainingseinwand anzubringen. Wenn es auf Perfektion in der beschriebenen Weise ankäme, sollte die sich durch Übung erzeugen lassen. Dann wäre es nur eine Frage der investierten Zeit, ob ein Buch ein Bestseller wird oder ob eine Arbeit gute Kunst ist.

Happy ending, very bad ending und Überhöhung des Unglücks sind auch Beispiele für Morphismen. Diese Morphismen definieren Äquivalenzklassen von Romanen und Romanbestandteilen, die ganz unterschiedliche stilistische Eigenschaften aufweisen, sie sind invariant gegenüber stilistischen Morphismen.

Endings und Überhöhungen tun dem Einzelnen Gutes. Aber sie sind nicht Balsam für die Seele, sondern Hilfe, Gedanken zu klären. Das Gehirn muss die Aufgabe bewältigen, die Erzeugung von Karten zu steuern. Unablässig erzeugt es Vielfalt, deren es jedoch ebenso unaufhörlich Herr werden muss. Nur die beherrschte Mannigfaltigkeit bringt Nutzen. Morphismen aus dem Roman können auf andere Felder der Kartenerzeugung übertragen werden. In Entscheidungssituationen können literarische Morphismen zu besserer Übersicht über die und zu einer Reduktion der Handlungsmöglichkeiten führen. *Happy ending, very bad ending* und Überhöhung des Unglücks sind deswegen so prominente Morphismen, weil sie von der Gesellschaft ausdrücklich gebilligte Heuristiken bei der Formung des autobiographischen Bewusstseins darstellen.

Auch unter vielen anderen Blickwinkeln verfahren der Roman und das Bewusstsein parallel. Das Bewusstsein wie der Roman teilen die Welt ein in das, was von ihr interessant ist, und in das, was übrig bleibt. Das Allerweltswort interessant ist hier Platzhalter für eine Bewertung, die sich aus einer bestimmten Lebenssituation ergibt. Die Welt ist niemals unmittelbar erreichbar: Weder das Bewusstsein noch der Roman können die Welt direkt, ohne den Körper des Bewusstseinsträgers beziehungsweise ohne den Leser, manipulieren.

In bestimmten Situationen konzentriert sich Bewusstsein ganz auf definierte Ziele, etwa in biologischen oder ökonomischen Wettbewerbssituationen. Romane werden geschrieben, weil jemand Geld verdienen oder seine Gedanken ausstellen will. Sie werden gelesen, weil jemand sich unterhalten oder seinen Horizont erweitern möchte. Aber jede Menge Bewusstseins- wie Romaninhalte sowie formale Eigenschaften von Romanen lassen sich nicht eindeutig in Mittel-Zweck-Ketten verorten. Die Zusammenhänge, in denen das Bewusstsein und der Roman figurieren, sind häufig frei von unmittelbaren Zwecken.

Der Roman und das Bewusstsein haben eine Tendenz zur Verdichtung ihrer Elemente. Redundante Einheiten werden zu Clustern zusammengefasst und die Beziehungen zwischen den übergeordneten Einheiten untersucht. Es ist mehr als naheliegend, auch für das Bewusstsein mit dem Begriff der Redundanz zweiter Ordnung zu arbeiten. Der Tendenz zur Verdichtung in der Mitte steht das mögliche Ausfransen an den Rändern gegenüber. Einer der allerberühmtesten Romane hat die Eigenschaft, dass seine Form nicht wirklich feststeht. Das gilt sowohl für die Zugehörigkeit zum Ganzen als auch für die Reihenfolge wichtiger Bestandteile.

Die Verdichtung ist dabei keine Operation, die sich beliebig fortführen oder nach einem situationsunabhängigen, vorgegebenen Muster optimieren lässt. Einen Roman kann man nicht zu einer ›Aussage‹ zusammenfassen, die dann wahr oder falsch ist. Manchmal wirkt es so, als ob Rezensenten und Literaturwissenschaftler das versuchten. Aber die ›Aussage des Romans‹ vermag in keinem Kontext die Stelle des Romans einzunehmen, ihn zu ersetzen. Jeder, der nur in einem Literaturlexikon geblättert hat, weiß das. Genauso wenig kann eine standardisierte Kurzbeschreibung einen Bewusstseinsinhalt ersetzen. Denn sie ist eben gerade kein Bewusstseinsinhalt. Was nicht im Bewusstsein ist, das ist nicht im Bewusstsein.

Ein ganz wesentlicher Grund, warum der Verdichtung Grenzen gesetzt sind, ist die vehemente Selbstbezüglichkeit. Das Bewusstsein wie der Roman sehen sich ständig bei der Arbeit zu und machen Bemerkungen. Beide haben die starke Neigung zur Beobachtung zweiter und höherer Ordnung und das nicht minder starke Bestreben, sich mit ihrer Beobachtung zu vereinen. Die Vereinigung mit der Selbstbeobachtung impliziert jedoch einen Komplexitätsgrad, der grundsätzlich einer Verdichtung entgegensteht.

Das Bewusstsein und der Roman bedienen sich in hohem Maß der Vorstellungskraft. Die Emanzipation von unmittelbaren Zwecken und der Gebrauch der Vorstellungskraft verstärken sich gegenseitig. Aber wenn der Zweck wegfällt, besteht die Gefahr des unkontrollierten Wildwuchses. Das Bewusstsein muss sich seine prinzipielle Zwecktauglichkeit für konkrete Situationen bewahren, der Roman die Fähigkeit, einen Beitrag dafür zu leisten, dass sich die Gesellschaft wiedererkennt. Etwas muss die Vorstellungskraft begrenzen oder besser regulieren. Im Fall des Einzelbewusstseins sorgt dafür in der Regel die Lebenssituation des Trägers. Die Gesellschaft belohnt selten und nur spezielle unverlangte Vorstellungen. Das gesellschaftliche Bewusstsein zieht Aufführungen von repräsentativen oder herausragenden Charakteren vor und wirkt damit auf das jeweilige Einzelbewusstsein ein. Unabhängigkeit und Individualität als gesellschaftliche Leitbilder verlangen eine spezifische Selbstprogrammierung des Einzelnen und seines Bewusstseins.

Verlage haben ziemlich viel damit zu tun, unverlangte Manuskripte abzulehnen, und Lektoren sind weidlich damit beschäftigt, bestimmte Ausgeburten der Vorstellungskraft ihrer Autoren aus deren Manuskripten zu tilgen. Einerseits muss der Roman gewissen allgemeinen ästhetischen Kriterien genügen. Eine der Funktionen ästhetischer Kriterien hat zu allen Zeiten darin bestanden, die künstlerische Vorstellungskraft zu begrenzen. Andererseits soll der Roman eine unverwechselbare Handschrift aufweisen, er darf nicht mit anderen oder etwas anderem verwechselbar sein. Dieser Erfordernis kann er nur nachkommen, indem er seine eigenen Gesetze entwickelt und ihnen folgt, indem er sich selbst programmiert. Das Bewusstsein und der Roman sind auch das Programm ihrer eigenen Entfaltung. Selbstprogrammierung heißt nicht Selbsterzeugung. Gemeint ist: Das Bewusstsein beobachtet sich selbst und generiert aus dieser Selbstbeobachtung heraus Entscheidungsmöglichkeiten, wie es weiter verfährt.

Selbstprogrammierung ist das, was der Mensch und die Literatur haben können, wenn kein Gott mehr ist. Gott hat bei seiner Schöpfung frei und völlig ungebunden gearbeitet. Alle Grenzen der Schöpfung, darunter der Mensch und die Literatur, hat er gezogen, der völlig unbegrenzt ist. Die sogenannten Naturgesetze konnte er ausgestalten, wie er wollte. Der einzige Kandidat für eine Begrenzung Gottes ist die Logik. Aber es darf ja nichts geben, was außerhalb Gottes wäre. Der Erfinder der Dialektik dekretierte deshalb rabiat, die Logik sei die Darstellung Gottes, wie er in seinem ewigen Wesen vor der Erschaffung der Natur und eines endlichen Geistes sei.

Zu jedem Zeitpunkt ist die Menge der möglichen Bewusstseinsinhalte begrenzt durch die Daten, welche die Sensoren des zugehörigen Körpers gerade liefern. Die Daten legen jedoch keineswegs spezifische Bewusstseinsinhalte fest. Vielmehr spannen sie einen ungeheuer großen Raum von in der Situation prinzipiell möglichen Bewusstseinsinhalten auf. Das Bewusstsein muss eine Auswahl treffen. Das kann sich nicht in Form einer durchgängig bewussten Entscheidung abspielen, denn das Bewusstsein ist gar nicht dazu in der Lage, alle Möglichkeiten zu übersehen. Eine Methode muss her, die die begrenzte Verarbeitungskapazität des Gehirns berücksichtigt. Es gibt nur eine Lösung: Die Methode muss inkremental sein. Jeder neue Schritt ergibt sich aus dem vorangehenden und aus dem neuen Input gemäß Regeln, die zwar nicht konstant bleiben müssen, sich aber im Zeitablauf nicht zu heftig ändern sollten.

Ausgangspunkt der Selbstprogrammierung des Bewusstseins ist die Selbstbeobachtung. Diese erfolgt gemäß Kriterien, die sich während der Geschichte des Bewusstseins entwickelt haben und die das Bewusstsein mindestens mitgeformt hat. Die jeweilige Selbstbeobachtung ist eine erste Auswahl aus dem Möglichkeitsraum der Bewusstseinsinhalte. Die Selbstbeobachtung generiert Entscheidungsmöglichkeiten darüber, wie die weiteren Bewusstseinsinhalte aussehen, eine zweite Auswahl aus dem Möglichkeitsraum. Das autobiographische Bewusstsein ist die mit Abstand wichtigste Ausprägung von Selbstprogrammierung des Bewusstseins, alle anderen Formen von Selbstprogrammierung sind ihm untergeordnet.

Die moderne IT erweitert die Möglichkeiten des Bewusstseins immens, ohne es in seinen Fundamentalcharakteristiken zu verändern. Das moderne Bewusstsein nimmt viel mehr Daten in viel besser zu übersehender Form auf. Aber die Aufnahme erfolgt über die gleichen Sensoren und Kanäle, über die schon das Gehirn des Urmenschen Signale seines Körpers und Daten aus seiner Umwelt empfing. Das Gehirn, also der Ort der Verarbeitung der Signale und Daten, ist ebenfalls kein wesentlich anderes. Die Qualität des Bewusstseins würde sich erst dann verändern, wenn die biologische Hardware umgestaltet würde. Ein Cyborg, ein Mischwesen aus Mensch und Maschine, könnte mit feineren und andersartigen Sensoren und mit leistungsfähigeren Übertragungskanälen ausgestattet sein, ein Rechner könnte das Gehirn unmittelbar unterstützen. Das Bewusstsein dieses Cyborgs hätte dann einen größeren Arbeitsbereich, und seine Gedanken würden sich schneller abwechseln. Bleibt es bei der Selbstprogrammierung des Bewusstseins oder tritt etwas anderes an ihre Stelle? Wie ein zukünftiges Wesen *lebt*, das über einen viel größeren Aufmerksamkeitsbereich verfügt und das viel schneller denkt, darüber kann ein gegenwärtiges menschliches Bewusstsein nur höchst spekulative Vorstellungen entwickeln. Einstweilen ist das gegenwärtige Bewusstsein auf Methoden wie etwa Qigong oder Tantra-Sex angewiesen, um seine Sensoren empfindlicher zu machen und seinen Arbeitsbereich besser auszunützen.

Zu jeder Zeit ist die Menge der möglichen Romane begrenzt durch die jeweils geltenden ästhetischen Kriterien und die bereits existierenden Romane. Ein neuer Roman darf einem bereits vorliegenden nicht zu ähnlich sein, das wäre auch kommerziell schädlich. Wobei es auf den Bekanntheitsgrad des existierenden Romans ankommt. Je weniger bekannt das Original ist, desto mehr darf daraus kopiert werden, das gilt für den Kommerz wie für nicht primär kommerziell ausgerichtete Literatur gleichermaßen. Die ästhetischen Kriterien verhindern wiederum, dass ein neuer Roman den bereits existierenden Romanen zu unähnlich ist.

Ästhetische Kriterien und bereits existierende Romane lassen zu jedem Zeitpunkt zwar nicht unendlich viele, aber für das einzelne Bewusstsein so gut wie unendlich viele mögliche Romane zu. Für den Roman ergibt sich das analoge Auswahlproblem wie für die Konstitution des Bewusstseins, und es wird analog gelöst. Der Roman beobachtet sich selbst und generiert aus dieser Selbstbeobachtung heraus Entscheidungsmöglichkeiten, wie er weitermacht, wie er formuliert. Das gilt für jeden einzelnen Roman und für die Gattung insgesamt. Sowohl die Notwendigkeiten als auch die Freiheiten des Romans sind immer von ihm selbst miterzeugt. Der Roman gehorcht zugleich fremden Gesetzen und solchen, die er selbst erlassen hat. Um den fremden Gesetzen zu genügen, muss der Roman eigene Gesetze formulieren, er hat gar keine andere Wahl.

Vor der Entwicklung der modernen IT war die Aussage richtig, dass keine Methodik oder Heuristik existieren konnte, die ein einzelnes Bewusstsein in die Lage versetzte, die Menge der möglichen Romane zu überschauen. Auch heute existiert eine solche Methode nicht einmal am Horizont. Aber es ist nicht mehr auszuschließen, dass es eine solche Methode einmal geben könnte. Solange eine solche Methode nicht existiert, bleibt es bei der Selbstprogrammierung des Romans in der bisherigen Form.

Hier soll nicht behauptet werden, der Roman habe auch ein Selbst wie der Mensch. Der Roman verfügt nicht über Sensoren und Aktoren wie der Mensch – oder?

26. Geschichtlichkeit

In den Naturwissenschaften ist das Personal ganz und gar ersetzbar. Die Naturwissenschaftler sprechen gern davon, dass sie Entdeckungen machen. Ihre Arbeitshypothese ist: Die Dinge, Prozesse, Strukturen, Gesetze sind schon da. Die Wissenschaftler müssten sie nur »entbergen«, um ein Lieblingswort des Meisters aus Deutschland zu verwenden. Wenn es nicht dieser Einzelkämpfer oder dieses Team herausfindet, dann ein anderes Team oder ein anderer *lone ranger.* Die für die Technologie unserer Zivilisation grundlegenden physikalischen und chemischen Theorien wären, wenn nicht von den bekannten Helden, dann von anderen proponiert worden.

In der Literatur ist das Personal ebenfalls ersetzbar. Wenn es diese Romanciers und jene Dichter nicht gegeben hätte, die die Ära prägten, dann wären die Lorbeerkränze anderen Romanciers und anderen Dichtern geflochten worden. Aber im Gegensatz zu den Naturwissenschaften hätte die Auswechslung des Personals spürbare Folgen für die geistigen Hervorbringungen. Niemand anderes hätte die verlorene Zeit auf die gleiche oder nur auf ähnliche Weise gesucht, niemand anderes hätte das gleiche Schloss, den gleichen Prozess und den gleichen Verschollenen beschrieben, kein anderer hätte die Eigenschaften des Mannes ohne solche unter den gleichen Prämissen analysiert. Jeder Roman ist einmalig und konnte nur von seinem Urheber in die Welt gebracht werden, von niemandem sonst. Romane und natürlich auch Gedichte sind nur in einem trivialen, empirisch-soziologischen Sinn austauschbar.

Das Projekt des klassischen Naturwissenschaftlers ist die Substituierbarkeit in seinem Gegenstandsbereich. Er hat es am liebsten, wenn die Komponenten der untersuchten Systeme komplett austauschbar sind, wenn die gefundenen Gesetze immer und überall gelten, wenn die durchgeführten Experimente immer die gleichen Resultate erbringen. Es wäre falsch zu sagen, in den klassischen Naturwissenschaften gibt es keine Geschichte. Es gibt eine Geschichte, aber sie spielt keine Rolle. Denn sie verändert nicht die gefundenen Gesetze.

Der klassische Naturwissenschaftler ist jedoch auf einem hastigen und ungeordneten Rückzug. Insbesondere in der modernen Biologie und Kosmologie spielt die Geschichtlichkeit eine absolut entscheidende Rolle. Die Regelmäßigkeiten, die in diesen Disziplinen erforscht werden, sind größtenteils keine universal gültigen Gesetze, vielmehr gelten sie lokal und sind das Ergebnis von Geschichte. Wäre die Geschichte anders verlaufen, wären die Regelmäßigkeiten andere. Die modernen Naturwissenschaften insgesamt werden, gegen ihre ursprünglich erklärte Absicht, immer lokaler und immer historischer. Ihre Gesetze haben nur noch für begrenzte Bereiche Gültigkeit und sind das Ergebnis eines Zeitpfads. Am besten schreibt man in diesem Zusammenhang *Gesetze* in Anführungszeichen.

Diese Entwicklung wirft natürlich auch ein neues Licht auf die klassischen Naturwissenschaften. Hier stellt sich ein Bündel von Fragen: Sind nahezu alle universal gültigen Gesetze aufgedeckt, und den Wissenschaftlern bleibt nur die Beschäftigung mit lokalen Regelmäßigkeiten? Gelten die klassischen Naturgesetze tatsächlich immer und überall, oder ist ihre Geltung ebenfalls lokal beschränkt und das Ergebnis von Geschichte, nur dass der Ort groß und die Geschichte lang ist? Bleiben von den universal gültigen Gesetzen lediglich die Logik und die Mathematik übrig? Wenn ja, welche Logik, welche Mathematik? War Gott Logizist, Realist oder Konstruktivist?

Eine naturwissenschaftliche Theorie muss einmal sein. Ein Roman muss nicht sein. Aber deswegen trägt der Roman nicht das Skandalon des Zufalls in sich, noch weniger ist er eine ontologische Laune, wie der garantiert belesenste aller internationalen Literaturprofessoren der Gegenwart formuliert. Das Projekt des Romanciers ist die Nicht-Substituierbarkeit in jedem einzelnen seiner Romane. Ähnlich wie in einer Familie nur die Ehepartner, aber nicht Eltern und Kinder ersetzbar sind, sind im einzelnen Roman die Menschen, aber auch die Dinge und die Ideen lediglich begrenzt und unter Auflagen austauschbar. Das Attribut zufällig würde der Roman nur verdienen, wenn die Menschen, Dinge und Ideen, die jeweils in ihm vorkommen, beliebig ersetzbar wären.

Die Naturwissenschaften streben danach, ihre Gegenstandsbereiche durch universale Gesetze bis lokale Regelmäßigkeiten, durch mehr oder weniger allgemeingültige Theorien und Modelle zu beherrschen. Roman und wissenschaftliche Darstellung sind keine Konkurrenten, im Gegenteil, sie ergänzen sich auf das Schönste. Der Roman sucht die Verhältnisse dadurch zu erfassen, dass er paradigmatische Fälle vorführt. Diese Menschen, Dinge und Ideen besitzen auch solche Eigenschaften, die anderen Menschen, Dingen und Ideen ebenfalls zu eigen sind.

Hier wird es allerdings vorhersehbar etwas komplizierter. Die Menschen, Dinge und Ideen aus dem Roman sind nicht verallgemeinerbar, sie stellen keine polierten Beispielsfälle dar, sie stehen nicht für etwas in dem Sinn, dass sie prinzipiell durch andere Menschen, Dinge und Ideen ersetzt werden könnten – wäre das der Fall, dann würde ja die Substituierbarkeit der klassischen Naturwissenschaften Platz greifen. Der Mathematiker ohne Eigenschaften kann nicht gegen einen anderen Mathematiker oder gar gegen einen Physiker ausgetauscht werden. Das Schloss über dem Dorf ist nicht durch ein Stadtpalais zu ersetzen. Die von den gotischen Kathedralen verkörperte Weltordnung wehrt sich gegen jede Veränderung.

Ein naturwissenschaftliches Beispiel steht für etwas. Das Beispiel darf immer gegen ein anderes ausgetauscht werden. Ein literarisches Beispiel deutet auf etwas. Nur im Ausnahmefall kann das Beispiel durch ein anderes ersetzt werden. Die Summe aller naturwissenschaftlichen Beispiele ist im Prinzip in der Lage, das entsprechende Gesetz zu vertreten. Eine noch so große Anzahl von literarischen Beispielen ist niemals dazu imstande, das zu vertreten, worauf die Beispiele deuten.

Die klassischen Naturwissenschaften dachten top-down, der Roman denkt bottom-up. In den klassischen Naturwissenschaften kommt zuerst das Gesetz – am besten von Gott erlassen – und dann der Einzelfall, der dem Gesetz gehorcht – darunter auch der Mensch. Der Roman beginnt mit dem Einzelfall, der Mensch ist immer dabei. Gottes Nachfolger beim Roman sind zu gleichen Teilen der Verfasser und der Leser. Der Verfasser präsentiert den Einzelfall. Wenn er will, kann der Leser ein persönliches Gesetz erlassen, dem der Einzelfall genügt. Aber er muss kein solches Gesetz auf den Weg bringen.

Substituierbarkeit heißt, es hätte auch anders kommen können, es könnte auch anders sein. In den klassischen Naturwissenschaften verursachte das nicht im geringsten Maß Beunruhigung. Denn das, was wichtig war, die

Gesetze, konnte nicht anders sein. Das, was anders sein konnte, war nicht wichtig. Die Gesetze konnten nicht verschwinden, denn Gott war immer da. Die klassischen Naturwissenschaften warfen keine Schatten. Was war, wurde nicht von dem begleitet, was hätte anders sein können. In den modernen Naturwissenschaften und in der Kunst bedeutet Substituierbarkeit: Auch die Gesetze könnten andere sein. Wenn es anders gekommen wäre. Was ist, wird immer von dem begleitet, was hätte anders sein können.

Nur Verleger sind ins Gelingen verknallt. Der Roman ist ins Scheitern und überraschend oft in den Tod verliebt. Das ist keineswegs ein Mangel an Stamina, an *élan vital*. Sondern der Ausdruck des Bewusstseins, dass es hätte völlig anders kommen können. Der Roman wirft immer einen Schatten, der zum Ausdruck bringt, dass er selbst und überhaupt alles ganz anders sein könnte. Die Menschen, Dinge und ihre Ideen unterliegen der jederzeit möglichen Auslöschung, sie können ganz schnell verschwinden.

Die Philosophie nimmt für sich in Anspruch, sie sei mit der Natur und dem Wesen der Dinge befasst. Gern blickt sie auf die Kunst herab, weil die sich mit den Erscheinungen begnüge. Aber die Erscheinungen transportieren auch Wissen, das möglicherweise verlorengeht, wenn man versucht, es auf eine philosophische Essenz zu reduzieren.

Das – nichtliterarische – Bewusstsein des Einzelnen teilt mit dem Roman das Bewusstsein der Substituierbarkeit von fast allem, was seinen Inhalt und dessen Form ausmacht. Die Angst vor der Nicht-Existenz setzt jedoch Energien frei, die in kognitive Höchstleistungen fließen. Der Horror vacui lenkt die Aufmerksamkeit darauf, dass sich das Bewusstsein und der Roman selbst programmieren. Es sind nicht mehr oder nicht allein die unerforschlichen Ratschlüsse Gottes oder das blinde oder sehende Schicksal, welche die Furie des Verschwindens befeuern. Indem sich Roman und Bewusstsein selbst programmieren, gewinnen sie auch selbst Entscheidungshoheit über das, was ist, und das, was nicht ist, über das, was verschwindet, und über das, was auftaucht. Falls nur ein bisschen Vernunft waltet, kann die Verantwortung nicht mehr reflexhaft auf höhere Mächte abgeschoben werden.

In dieser Hinsicht waren die Literatur und insbesondere der Roman schon immer reifer als die Philosophie, genauer: die idealistische Philosophie. Die kann man, ohne ihr Unrecht zu tun, ganz wesentlich als den Versuch verstehen, ohne Gott zu leben, obwohl man eigentlich unbedingt mit Gott leben wollte. Dabei spielen die Gründe, warum man nicht mit Gott existieren konnte oder wollte, keine entscheidende Rolle. Die idealistische Philosophie ist das Theorie gewordene schlechte Gewissen des Lebens ohne Gott.

Das Ding an sich ist nichts anderes als die Aussicht vom *God's eye point of view*. Die Menschen sind in den Formen ihrer Anschauung befangen, die Dinge an sich können sie nie erkennen. Warum sollten sie? Welchen Nutzen im allerweitesten Sinn hätten sie davon? Die Dinge an sich gehören Gott zu, er ist ihr Besitzer. Wer ohne Gott leben will, muss auch ohne Dinge an sich leben. Der Alleszermalmer hat nichts zerkleinert. Im Gegenteil, er hat etwas aufgeblasen: die Selbstverständlichkeit, dass sich ein sinnvoller Begriff von Erkenntnis immer auf menschliche Erkenntnis bezieht. Wessen Erkenntnis sollte sonst gemeint sein? Wenn es andere Wesen gibt, was könnten wir mit ihren Erkenntnissen anfangen? Doch, wir könnten von ihren Erkenntnissen profitieren: Aber nur dann, wenn sie uns genügend ähnlich sind. Womit wir wieder bei uns selbst wären.

Die Literatur hat schon lange begriffen, dass jede Erkenntnis ausnahmslos den Menschen sowohl als Urheber wie auch als Ziel mitführt. Der Roman macht das immer wieder aktuell anschaulich.

27. Fortschritt

Gibt es einen Fortschritt in der Literatur, im Roman? Man ist sich einig, dass es in den Naturwissenschaften und in der Mathematik einen Fortschritt gibt. Aber nur für die Mathematik lässt sich zuverlässig ausmachen, worin der besteht: Egal, welche philosophischen Grundannahmen man trifft, welche Beweisverfahren man zulässt und welche nicht, die Anzahl der bewiesenen Sätze nimmt zu. Gleich, welchen Wahrheitsbegriff man zugrunde legt, die Anzahl der verfügbaren mathematischen Wahrheiten wird größer.

Jede vernünftige Intuition besagt, dass es in den Naturwissenschaften einen Fortschritt gibt. Aber was diesen Fortschritt tatsächlich ausmacht – dazu existiert eine Unzahl von Hypothesen, die sich diametral widersprechen. Das darf nicht überraschen, denn ein Fortschrittsbegriff kommt kaum umhin, in irgendeiner Form auf einen Wahrheitsbegriff Bezug zu nehmen. So viele unterschiedliche Wahrheitsbegriffe, so viele unterschiedliche Fortschrittsbegriffe. Eine Ausweichstrategie besteht natürlich darin, die Wahrheit und alle von ihr abgeleiteten Begriffe auszusperren und ausschließlich auf die Anwendung naturwissenschaftlicher Erkenntnisse abzustellen, auf die von ihnen hervorgebrachte Technologie. Das ist jedoch nicht sehr befriedigend, weil dabei alle naturwissenschaftlichen Erkenntnisse, die keine unmittelbare oder mittelbare Anwendung haben, aus der Betrachtung herausfallen, was mindestens kontraintuitiv ist.

In den Geisteswissenschaften stellt sich gleichermaßen das Problem des Wahrheitsbegriffs. Dazu kommt: Die geisteswissenschaftliche Theoriebildung ist immer und grundsätzlich von der Gesellschaft abhängig, in der die Theorien vorgebracht werden. Eine andere Gesellschaft bedeutet immer auch andere geisteswissenschaftliche Hervorbringungen. Im Gegensatz zu den Naturwissenschaften gibt es deshalb für die Geisteswissenschaften keine eindeutige Fortschrittsintuition.

Zwei Extrempositionen können hier eingenommen werden. Es gibt doch einen Fortschritt. Der speist sich daraus, dass auch in den Geisteswissenschaften die Empirie zunehmend Berücksichtigung findet. Die schwierig zu überprüfende Transzendenz ist verabschiedet, man löst sich von ihr auch als theoretischem Referenzpunkt. Nach Möglichkeit werden naturwissenschaftliche Erkenntnisse berücksichtigt, man beschränkt sich nicht darauf, Probleme durch intensives Nachdenken und das Studium anderer Denker zu lösen, man bedient sich aller möglichen Werkzeuge.

Es gibt keinen Fortschritt. Die Geisteswissenschaften und alles, was ihnen nahe ist, stellen zu jeder Zeit die Ornamentik der Gesellschaft dar. Ornament heißt nicht notwendigerweise allgemeiner Zierrat, überflüssige Anbringung. Ornamente spannen einen Raum auf und teilen ihn ein. In diesem Sinn verorten die Geisteswissenschaften die Gesellschaft, die sie jeweils beschreiben. Die Gesellschaft bringt die Geisteswissenschaften hervor, die Geisteswissenschaften bringen die Gesellschaft hervor.

Viele wissenschaftliche Theorien trifft das Schicksal, dass sie sich im Lauf der Zeit als überholt erweisen. Niemand geht heute mehr davon aus, dass die Erde oder unsere Sonne der Mittelpunkt des Universums ist. Die nichtrelativistische Mechanik findet lediglich als Näherung bei groben Problemen Anwendung, wo es ernsthaft wird, stützen sich die Berechnungen auf die relativistische Mechanik. Die kleinsten Bestandteile der Materie verhalten sich nicht wie die größeren Ansammlungen, sie gehorchen den Gesetzen der Quantenphysik.

Die Einschätzung von Kunstwerken, darunter literarische, mag sich mit der Zeit ändern. Aus einem Geniestreich wird eine durchschnittliche Hervorbringung, ein beiläufig zur Kenntnis genommenes Werk mutiert zum Signum des Jahrhunderts. Die Zeitgenossen unterschiedlicher Epochen stellen jeweils andere Kunstwerke in den Mittelpunkt. Aber ein Kunstwerk ist niemals überholt. Eine wissenschaftliche Theorie soll ein Problem lösen. Löst eine zweite Theorie das Problem besser als eine erste, dann ist die erste überholt. Kunstwerke lösen per definitionem keine spezifizierten Probleme. Deswegen können Kunstwerke niemals überholt sein.

Spekulationen über die Zukunft sind grundsätzlich dadurch limitiert, dass sie die Begrifflichkeiten der Vergangenheit und der Gegenwart verwenden müssen. Naturwissenschaftliche Prognosen treffen zu, wenn für die überschaubare Zukunft die gleichen Begrifflichkeiten und Gesetze zugrunde gelegt werden können wie für die Vergangenheit und wenn die Ausgangsbedingungen adäquat erfasst werden. Zutreffende geisteswissenschaftliche Prognosen kann es nicht geben. Geht eine geisteswissenschaftliche Prognose von einer bestehenden Begrifflichkeit aus, ist sie unweigerlich falsch, denn Geisteswissenschaft besteht gerade darin, neue Begrifflichkeiten zu schaffen. Ein Geisteswissenschaftler, der keine neuen Begriffe ersinnt, ist keiner, sondern ein Buchhalter. Wenn jemand eine Begrifflichkeit der Zukunft vorwegnimmt, dann ist das keine Prognose, sondern er gestaltet die Zukunft.

Wo in der jüngeren Moderne Bewusstsein ist, das über ein Kernbewusstsein hinausgeht, da ist auch der Roman, wo der Roman ist, da ist auch Bewusstsein. In der Gegenwart verändern IT und Technologie das Bewusstsein und den Roman zuerst in der Breite. Der Einzelne ist über mehr Medien mit mehr anderen Einzelnen auf komplexere Weise verbunden. In der Gesellschaft kursieren immer mehr Ideen, die nicht auf einen Nenner zu bringen sind. Der wichtigste unmittelbare Effekt von Technologie und IT besteht darin, dass das Bewusstsein sowohl des Einzelnen wie dasjenige der Gesellschaft und damit der Roman immer mehr Input bekommen. Dieser Bewusstseinsinput muss verwaltet werden. Die verfügbaren Ordnungsmethoden werden sowohl intensiver als auch extensiver angewendet. Der einzelne Roman wird sachhaltiger. Nichtwissen stellt nur noch eine literarische Ausnahmestrategie dar. Noch niemals in der Geschichte hat es so viele Romane gegeben wie in der Gegenwart.

Für den Roman als eine bewährte Ordnungsmethode nimmt die Konkurrenz durch ständig neu hinzukommende Ordnungsmethoden zu. Im Augenblick muss sich der Roman vor allem gegen die Fernsehserie behaupten, die ihm wie kein anderes Genre im Erzählerischen nahekommt. Aber der Roman ist gut gerüstet. Allein der Roman ist dazu fähig, sich in die Innenwelt des Einzelnen zu versetzen. Das Werkzeug dazu ist Sprache, Bilder sind dabei lediglich eingeschränkt hilfreich. Unabhängig davon ist der Roman in der Lage, weit komplexere Situationen auszubreiten, als es die visuellen Genres vermögen. Der Roman ist imstande, komplizierte Sachverhalte zu behandeln, die nicht in Dialoge gegossen werden können und die aus dem Off geschildert lediglich Langeweile erzeugen würden. Der Roman ist sogar dazu fähig, etwas zu erklären, in ziemlich vielen Bedeutungszuschreibungen des Wortes.

Eine Fernsehserie oder ein Film kann nur in einem sehr großzügigen Sinn etwas erklären. Der Roman wird sich umso besser gegen konkurrierende Formate behaupten, je mehr er seine Stärken ausspielt: den Bezug zu Innenwelten und die Behandlung komplexer Sachverhalte. Nur eine spannende Handlung, pikante Szenen – die Zeiten sind selbst im Bestsellersegment vorbei.

In der nächsten Zukunft wird der Roman wohl eine eher geschlossene Form beibehalten. Die Ränder werden nicht zu sehr ausfransen. Das Kräfteverhältnis zwischen Verfasser und Leser wird sich nicht prinzipiell ändern. Aus dem einfachen Grund: Es gibt Formate mit erzählerischen Features in anderen Medien, die eine intensivere und komplexere Interaktion zwischen Designer und User ermöglichen. Dagegen erscheint es einfach kindisch, Romanbausteine zu liefern, die der Leser kombinieren kann, oder ihn aufzufordern, an bestimmten Scharnieren die Handlung selbst weiterzuschreiben. Auch Hybride zwischen den verschiedenen Formaten, die Romanbestandteile enthalten würden, scheinen am Horizont nicht auf. Die schnellere Interaktion ist naturgemäß immer die durch Bilder dominierte, die keine oder nur wenig sprachliche Artefakte verwendet, höchstens eindeutige Symbole. Es ist garantiert sinnvoller, Videospiele romanhafter zu machen als Romane videospielhafter erscheinen zu lassen.

Man kann sich trefflich streiten, wie stark die Romantik die Entwicklung der Literatur beeinflusst hat. Es wäre falsch zu behaupten, die heutige Literatur sei ohne die Romantik nicht denkbar. Dagegen spricht die Tatsache, dass viele bahnbrechende Autoren der Moderne und Vormoderne weder ein direktes noch ein indirektes Verhältnis zur Romantik unterhielten. In der Romantik fanden jedoch zwei Eigenarten, die im Weiteren die Literatur entscheidend prägen sollten, zum ersten Mal expliziten Ausdruck: der Anspruch der Literatur auf Selbständigkeit und die Vorgehensweise, buchstäblich alles als möglichen Input zu betrachten.

Mit der Romantik hat die Literatur absolute Selbständigkeit gewonnen. Die Literatur wollte weder der Religion noch weltlichen Herrschern oder Verhältnissen dienen. Hier fällt üblicherweise das Stichwort Ausdifferenzierung der Gesellschaft in unterschiedliche Funktionssysteme. Jedes Funktionssystem beschäftigt sich auch intensiv mit seiner eigenen Funktion, die romantische Selbstreflexion führt das exemplarisch für das Funktionssystem Literatur vor.

Den deutschen Romantikern ging es in hohem Maß darum, möglichst viel Rohmaterial für eine anschauliche Selbstreflexion zu fördern. Sie wollten, in herkömmlicher idealistischer Manier, demonstrieren, dass das Denken prinzipiell über der Realität stehe: deshalb der Kulissencharakter der Realität, die Verzauberungen, die durch geistige Akte geschehen, die Doppelgänger, die Spiegelungen des Denkens sind, und natürlich die Ironie, darunter auch diejenige, das Erhabene im

Endlichen zu finden: Das Begrenzte ist erhaben, nicht das Begrenzende.

Die kreischende Verliebtheit der Literatur in die Selbstreflexion ist in der Zwischenzeit gewichen, daraus ist eine nüchterne Arbeitsbeziehung geworden. Das muss aber nicht heißen, dass die Selbstreflexion weniger wichtig wäre und weniger gepflegt würde, im Gegenteil. Weil die Literatur und insbesondere der Roman dazu in der Lage sind, sich differenzierter als andere Formate selbst zu beobachten, wird die Selbstbeobachtung eher wieder zunehmen. Das gilt dann sowohl für den quantitativen Umfang als auch für die Stufe, die Beobachtung n-ter Ordnung wird tendenziell weniger Anstoß erregen.

Die moderne IT und die Technologie verändern das Bewusstsein auch in der Tiefe. Die Robotik erscheint unerlässlich, wenn wissenschaftlich näher bestimmt werden soll, wie Bewusstsein funktioniert. Die Philosophie und die Psychologie haben ihre Chance nicht überzeugend genutzt. Mit Hilfe von IT und Technologie werden menschliche Kognitionen und Gefühle zunehmend feinkörniger betrachtet, immer mehr Prozesse, die zu menschlichen Gefühlen und Kognitionen führen, werden identifiziert und isoliert, und sie werden punktgenauer simuliert. Die Simulation beschränkt sich keineswegs auf Programmläufe im Computer. Die Voraussetzung für die menschlichen Kognitionen und Gefühle ist die Interaktion mit der Umwelt, die über die Sensoren und Aktoren des biologischen Organismus erfolgt. Natürlich kann diese Interaktion nicht von Anfang an in toto nachgebildet werden. Sie wird vielmehr ausschnittweise mit Elementen der Robotik und der experimentellen Biologie simuliert.

Dies ist bestimmt kein Plädoyer für Romane über Robotik oder Cyborgs. Genauso wenig soll etwa verlangt werden, dass sich ein Romanautor jeweils mit dem neuesten Stand der Bewusstseinsforschung vertraut mache, bevor er ein Manuskript beginnt, das wäre lächerlich. Aber wenn sich das Bewusstsein des Einzelnen und dasjenige der Gesellschaft in der Breite wie in der Tiefe verändern, dann hat das unausweichlich Folgen für den Roman. Was die Breite des Bewusstseins betrifft, darf sich der Roman nicht einfach weigern, den gestiegenen Input zu verarbeiten. Das kann natürlich niemals heißen, dass im Roman ›alles vorkommen soll‹. Ein Roman war früher kein Telefonbuch und keine Zeitung, heute ist ein Roman keine Datei. Der Roman muss aus dem Bewusstseinsinput auswählen. Die Auswahl sollte in irgendeiner Form den gesamten Input erahnen lassen. Analoges gilt für die Tiefe des Bewusstseins. Wenn das Bewusstsein von anderen Instanzen in feinerer Auflösung beobachtet wird, dann kann der Roman nicht mit einer beliebig groben Auflösung arbeiten.

In der Summe wird es darauf hinauslaufen, dass mit einem breiteren und tieferen Bewusstsein des Einzelnen wie der Gesellschaft der Roman breiter angelegt sein und zusätzliche Tiefendimensionen gewinnen wird. Ob man diese Entwicklung als Fortschritt bezeichnen will oder nicht, ist Geschmackssache.

28. Jenseits des Fortschritts

Wie es in der nicht unmittelbaren, aber möglicherweise gar nicht so fernen Zukunft mit dem Roman weitergeht, hängt davon ab, welche Entwicklungspfade der Einzelmensch und die Gesellschaft nehmen. Sehr grob lassen sich hier drei Szenarien unterscheiden:

– Die Conditio humana bleibt prinzipiell diejenige, die sie heute ist.
Die biologische Ausstattung des Menschen mit Sensoren und Aktoren sowie die Verarbeitungskapazität des Gehirns werden von den Generationen im Kern unverändert weitergegeben, die Technologie behält ihren prothetischen Charakter bei. Analoges gilt für die Gesellschaft, nicht-menschliche Faktoren im gesellschaftlichen Prozess beeinflussen diesen wesentlich, aber sie spielen keine bewusst gestaltende Rolle.
– Die Technologie wird Player.
Die biologische Ausstattung des Menschen bleibt gleich, aber die Technologie gewinnt größeren Einfluss, sie stellt bewusst gestaltende Akteure im Gesellschaftsprozess.

– Die Conditio humana ändert sich fundamental.
Die biologische Ausstattung des Menschen ändert sich, und die einst prothetische Technologie wird selbständig.

Die Biologie des Menschen hatte Zeit genug, um die zu werden, die sie ist. Elementare physikalische Betrachtungen legen nahe, dass das menschliche Gehirn unter den Umweltbedingungen auf dem Planeten Erde ein biologisches Optimum darstellt. Man könnte versuchen, die Leistung des Gehirns zu steigern, indem man seine Bestandteile umgestaltet. Wenn man die Neurone kleiner macht, um mehr Neurone in demselben Volumen unterzubringen, kommt es jedoch verstärkt zu Fehlfunktionen bei den chemisch-elektrischen Prozessen. Macht man die Neurone größer, um die Leitungsgeschwindigkeit der Signale zu erhöhen, werden in dem größeren Gehirn die Wege der Signale länger, der Energieverbrauch nimmt zu, und die erhöhte unkontrollierte Wärmeabfuhr verursacht wieder Fehlfunktionen. Der gleiche Effekt ergibt sich, wenn man die Anzahl der Verbindungen zwischen den Neuronen erhöht. Der wahrscheinlichste Pfad zur Leistungssteigerung des Gehirns ist der unmittelbare Anschluss des menschlichen Gehirns über ein BMI, ein *brain-machine interface*, an technisches Equipment. Bereits jetzt lernen gelähmte Patienten mittels in ihre Gehirne eingebrachter elektronischer Bauteile auf Computern zu tippen und künstliche Gliedmaßen zu bewegen, die amputierte Gliedmaßen ersetzen.

Hier liegt natürlich der Gedanke nahe, dass die Menschen auf andere als die herkömmlichen Weisen unkörperliche Verbindungen zueinander herstellen: Die Gehirne treten über BMIs – mit Funksendern, damit es garantiert keinen körperlichen Kontakt gibt – miteinander in Verbindung. Die Verständigung zwischen den Menschen vollzieht sich nicht mehr über lautliche oder bildliche sprachliche Artefakte, sondern durch den unmittelbaren Signalaustausch von Gehirn zu Gehirn. Am Horizont scheint die Möglichkeit eines planetarischen *brain-net* auf, in dem die Gehirne aller Menschen, nach dem Vorbild des Internet, direkt miteinander verbunden sind.

Die Vordenker des *brain-net* schwärmen von einem völlig ungefilterten Austausch von Sinnesdaten, Gefühlserlebnissen und konkreten wie abstrakten Gedanken. Sie wollen nicht nur die lautlichen und bildlichen sprachlichen Artefakte, die Vehikel der Sprache, sondern auch gleich die Sprache selbst loswerden. Die Idee ist in hohem Maß naiv, denn sie beruht auf einer längst ad acta gelegten Abbildtheorie der Sprache, nach der sprachliche Artefakte inneren Vorstellungen entsprechen. Nur unter dieser Prämisse ist die Sprache überflüssig. Das Ganze hat etwas zu viel mit Hollywood und HBO zu tun: In allen Gehirnen sollen Filme ablaufen, das *brain-net* würde es jedem Gehirn erlauben, den Film des anderen Gehirns anzusehen. Falls tatsächlich im Gehirn ein Film abgespielt wird, liegt der Film als Muster von Nervenimpulsen vor. Kommt in zwei Filmen ein Mensch vor, der am Schreibtisch schreibt, müssen die entsprechenden Muster von Nervenimpulsen zusammengebracht werden. Dafür gibt es keinen natürlichen Automatismus. Es muss ein Abbildungsmechanismus etabliert werden, der die Nervenimpulse des einen Gehirns mit den Nervenimpulsen des anderen Gehirns in Zusammenhang bringt. Die Muster der Nervenimpulse sind zu identifizieren, die Muster des einen Gehirns sind in die Muster des anderen zu übersetzen – womit wir wieder bei der Sprache sind. Ohne Sprache geht es nicht. Eine Koordination der Muster von Nervenimpulsen der Gehirne ist Voraussetzung für jede Art von gesellschaftlichem Zusammenhang zwischen den Gehirnen.

Die Conditio humana bleibt diejenige, die sie ist: Dann wird es selbstverständlich weiter den Roman geben. In diesem Szenario bildet die biologische Ausstattung den Flaschenhals. Empfindlichere Sensoren und wirksamere Aktoren müssen an die Biologie andocken. Die Leistung des Organismus kann durch Technologie nur in begrenztem Ausmaß gesteigert werden. Es wird unverändert notwendig sein, aus den Kognitionen und Gefühlen des Einzelnen und aus den Ideen der Gesellschaft jeweils Bewusstseinsströme zu formen. Für diese Aufgabe wird der Roman ein nicht hinwegzudenkendes Werkzeug bleiben.

Die Änderung der biologischen Ausstattung des Menschen erscheint nur durch äußerst anspruchsvolle Technologie möglich. Komplexe Technologie hat jedoch den grundsätzlichen Hang, sich selbständig zu machen. Der Fall, dass sich die biologische Ausstattung ändert und sich die Technologie nicht emanzipiert, erscheint deshalb einigermaßen unrealistisch. Im Übrigen wäre es ein vergebliches Unterfangen, den verschiedenen möglichen Entwicklungen Wahrscheinlichkeiten zuzuordnen. Die vorgeschlagene Einteilung in Szenarien ist bereits spekulativ genug.

Die Technologie wird Player: Das ist die Situation, mit der sich die Science-Fiction-Literatur und die Filme des Genres so gern beschäftigen. Fügen sich nachgebildete Kognitionen und Gefühle zu einem nachgebildeten Bewusstsein? Nimmt dann – jemand – einen inneren Standpunkt ein? Zunächst einmal liegt nahe, dass Bewusstsein grundsätzlich keine Alles-oder-Nichts-Angelegenheit ist. Bewusstsein wird nicht als Ganzes an- und ausgeknipst. So ist etwa die Pyramide aus Protoselbst, Kernselbst und autobiographischem Selbst eindeutig das Produkt der gegenwärtig vorherrschenden Gesellschaftsformen. Es ist nicht auszuschließen, dass Bewusstsein auch in andere Komponenten aufgegliedert werden kann, die dann vielleicht separat implementiert werden können und für sich schaltbar sind.

Notwendige Voraussetzungen für Bewusstsein sind:

– Sensoren und Aktoren.
   Es ist grundsätzlich egal, ob es sich dabei um biologische Organe oder technisches Equipment handelt.

Der Übergang von der Prothese zur Robotik ist fließend. Gegenwärtige Roboter können schon deswegen kein Bewusstsein entwickeln, weil ihr Equipment viel zu spezialisiert ist und es deshalb die Struktur der Interaktion mit der Umwelt mit viel zu geringen Freiheitsgraden vorgibt.

– Das allem übergeordnete Ziel, der unbedingte Wille, die Existenz des Inhabers der Sensoren und Aktoren zu verlängern.

Ein Roboter, dem es gleich ist, ob er eingeschaltet ist oder ob man ihn ausschaltet, wird kein richtiges Bewusstsein entwickeln.

– Ein Regelkreis mit den Komponenten Sensoren, Aktoren, Umwelt und der nicht hintergehbaren Vorgabe Existenzverlängerung.

Der Inhaber der Sensoren und Aktoren setzt seinen Existenzwillen in die Tat um, indem er sowohl auf die Umwelt als auch auf sich selbst einwirkt.

Dies sind notwendige, aber keine hinreichenden Bedingungen für Bewusstsein. Gegenwärtig ist niemand dazu in der Lage, hinreichende Bedingungen dafür anzugeben, dass – jemand, sich – als bewusstes Subjekt fühlt.

Der historische Ursprung für Bewusstsein ist der Mensch. Das kann sich nicht ändern. Wenn ein Roboter Bewusstsein haben kann, dann wird dieses immer eine große Ähnlichkeit zum menschlichen Bewusstsein aufweisen: Das Roboterbewusstsein wird nach dem Vorbild des menschlichen Bewusstseins entstanden sein.

Der Begriff eines Bewusstseins, das völlig anders geartet ist als das menschliche, macht keinen Sinn. Das wäre dann eine wie auch immer geartete Leistung, aber nichts, was in irgendeiner Weise sinnvoll als Bewusstsein zu bezeichnen wäre.

Muss der Mensch Angst vor Robotern haben? Wenn es destruktive, böse Roboter geben sollte, dann ist dies nur möglich, weil es böse, destruktive menschliche Charakterzüge gibt. Die berechtigte Frage lautet: Muss der Mensch Angst vor sich selbst haben?

Roboter, die bessere oder schlechtere Menschen lediglich imitieren, bedeuten dann einen Erkenntnisgewinn, wenn sie kognitive und emotionale menschliche Prozesse in hinreichend feiner Verästelung nachvollziehen. Die Roboter führen vor, wie menschliche Emotionen und Kognitionen funktionieren. Natürlich gibt es zahlreiche Ansatzpunkte dafür, wie sich ein technisch erzeugtes Bewusstsein signifikant von einem menschlichen Bewusstsein unterscheiden könnte: Die Sensoren sind empfindlicher, und beziehungsweise oder sie stellen auf andere physikalische Größen ab. Strahlungssensoren registrieren Licht mit anderen Wellenlängen und reagieren etwa direkt auf elektromagnetische Wellen. Alle Arten von genaueren, schnelleren und wirkmächtigeren Aktoren sind denkbar, mit denen das technische Bewusstsein auf die Umwelt einwirkt. Die Denkprozesse des technischen Bewusstseins spielen sich viel schneller ab.

Aber auch ein Roboter mit noch so überlegenen Fähigkeiten ist nicht imstande, sich gänzlich von den Beschränkungen des Raums und der Zeit zu befreien. Er kann die Zeit nicht zurückfließen lassen. Vielleicht ist sein Bewusstsein in hohem Maß parallel organisiert. Wenn die Rede von *einem* Roboter sinnvoll sein soll, muss es eine übergeordnete serielle Organisation des Bewusstseins geben. Dann kommt für den Roboter wie für den Menschen erst ein Moment in der Zeit und darauf ein anderer, dann existiert für den Roboter wie für den Menschen ein Bewusstseinsstrom. Wenn der Roboter nicht allein ist, wenn er mit anderen Robotern ein Habitat teilt: Warum sollte ein bewusster Roboter nicht anderen bewussten Robotern etwas erzählen? Warum sollte er sich nicht auch selbst etwas erzählen? Ob Roboter untereinander per Romane in unserem Sinn verkehren, erscheint natürlich zweifelhaft. Aber was sollte dagegen sprechen, dass das Roboter-Bewusstsein und die Verbindung von Robotern untereinander erzählerische Elemente enthalten?

Der Grund für die Überlegenheit des Romans und für die bis jetzt gegebene Unüberholbarkeit des Romans ist seine unlösbare Verbindung zur Lebenssituation. Der Roman ist dann überholt, wenn sich das komplett ändert, was wir unter Lebenssituation verstehen. Für den Fall, dass Cyborgs Romane verfassen und lesen, hängt alles davon ab, wie ähnlich die Mischwesen dem jetzigen Menschen sind. Die Romane unähnlicher Cyborgs und die Romane von unähnlichen Robotern, die Menschen ersetzen, machen garantiert die bisherigen Romane überflüssig.

Wenn es die Conditio humana nicht mehr gibt oder wenn sie hoffnungslos irrelevant wird, dann werden nicht nur die Göttersage, das Heldenepos und der Roman verschwunden sein. Dann muss die gesamte Kunst, so, wie wir sie kennen, obsolet werden. Voraussetzung dafür ist, dass sich die biologische Ausstattung des Menschen signifikant verändert oder dass wichtige Teile der biologischen Ausstattung durch Technologie ersetzt werden. Der Mensch wird durch ein anderes Wesen abgelöst, dessen kognitive und Gefühlsprozesse eine völlig andere Gestalt annehmen – sofern man in diesem Fall noch von kognitiven und Gefühlsprozessen sprechen kann.

Vor dem Hintergrund dieser Verlorenheitsperspektive macht das aktuelle Comeback der Geschichtlichkeit Hoffnung. Die modernen Naturwissenschaften propagieren keine überzeitlichen, unveränderlichen Gesetze mehr, denen die Materie, der Geist, die Menschen sklavisch gehorchen. Die Philosophie hat sich mit dem *linguistic turn* ebenfalls aus der Ewigkeit zurückgezogen. Die jetzt geltenden naturwissenschaftlichen Regelmäßigkeiten sind das Ergebnis eines Zeitpfades. Die Sprache ist in hohem Maß ihre Geschichte.

Der Mensch gestaltet den ihm zugänglichen Bereich des Universums – diesen winzig zu nennen, wäre eine groteske Übertreibung – um. Seine kognitiven und Gefühlsprozesse hinterlassen Spuren. Aber diese Spuren haben möglicherweise Folgen. In einem ersten Schritt wird die Menge der möglichen Zeitpfade in die Zukunft verengt. In einem zweiten Schritt beeinflussen die kognitiven und Gefühlsprozesse den Zeitpfad, der dann tatsächlich genommen wird. Die kleinere Hoffnung ist: Das Menschliche bleibt im Zeitpfad enthalten. Die größere Hoffnung ist: Das, was sich im Zeitpfad ergibt, weist eine gewisse Familienähnlichkeit zum Menschlichen auf.

Nützliche nichtliterarische Literatur

Narziss Ach: Über den Willensakt und das Temperament. Eine experimentelle Untersuchung, 1910

Rolf H. Adler et al. (Hrsg.): Uexküll, Psychosomatische Medizin, 7. Aufl. 2011

J. L. Austin: How to Do Things with Words, 1962

Dirk Baecker: Studien zur nächsten Gesellschaft, 2007; Beobachter unter sich, 2013

Susan Blackmore: Conversations on Consciousness, 2006

Paul Bloom: How Children Learn the Meanings of Words, 2000

Robert B. Brandom: Making It Explicit, 1994

B. Jack Copeland: Computation, in: The Blackwell Guide to the Philosophy of Computing and Information, 2004

Antonio Damasio: Descartes' Error, 1994; Self comes to Mind, 2010

Donald Davidson: Inquiries into Truth and Interpretation, 1984

Guy Deutscher: The Unfolding of Language, 2005; Through the Language Glass. How Words Colour Your World, 2010

W. Tecumseh Fitch: The Evolution of Language, 2010

Günther Grewendorf: Sprache als Organ, Sprache als Lebensform, 1995

Paul Grice: Studies in the Way of Words, 1989

Georg Wilhelm Friedrich Hegel: Wissenschaft der Logik, 1832

Hermann von Helmholtz: Die Thatsachen in der Wahrnehmung, 3. August 1878

Hans Hermes: Aufzählbarkeit Entscheidbarkeit Berechenbarkeit. Einführung in die Theorie der rekursiven Funktionen, 1961

Daniel Kahnemann: Thinking, Fast and Slow, 2011

Michio Kaku: Physics of the Impossible, 2008; Physics of the Future, 2011; The Future of the Mind, 2014

Immanuel Kant: Kritik der reinen Vernunft, 1787

Ray Kurzweil: The Singularity Is Near, 2005

Larry Laudan: Progress and Its Problems, 1977

F. William Lawvere, Stephen H. Schanuel: Conceptual Mathematics. A First Introduction to Categories, 1997

David Lewis: Counterfactuals, 1973

Niklas Luhmann: Die Wissenschaft der Gesellschaft, 1990; Die Kunst der Gesellschaft, 1995; Die Gesellschaft der Gesellschaft, 1997

Henry Markram: Die Simulation des Gehirns, in: Spektrum der Wissenschaft, Sept. 2012

Colin McGinn: Mindsight: Image, Dream, Meaning, 2004

Jean Piaget: La Psychologie de l'Intelligence, dt. Übersetzung: Die Psychologie der Intelligenz, 1947

Paul H. Portner: What is Meaning? Fundamentals of Formal Semantics, 2005

David Stove: Against the Idols of the Age, 1999

Oswald Wiener: Eine Art Einzige, in: Verena von der Heyden-Rynsch (Hrsg.), Riten der Selbstauflösung, 1982; Schriften zur Erkenntnistheorie, 1996

Semir Zeki: Splendors and Miseries of the Brain, 2009

Had I the heavens' embroidered cloths,
Enwrought with golden and silver light,
The blue and the dim and the dark cloths
Of night and light and the half-light,
I would spread the cloths under your feet:
But I, being poor, have only my dreams;
I have spread my dreams under your feet;
Tread softly because you tread on my dreams.

William Butler Yeats

Ernst-Wilhelm Händler
Fall
Roman
Band 19030

Georg Voigtländer tritt die Nachfolge seines Vaters als Chef eines mittelständischen Unternehmens an. Nach den betriebswirtschaftlichen Lehrbüchern macht der Mittdreißiger, der sein Studium mit Auszeichnung absolvierte, alles richtig. Er will die Zukunft des Familienbetriebs mit geeigneten Maßnahmen sichern, doch sein Onkel, Anteilseigner wie er, hat nur ein Ziel: seinem eigenen Sohn Friedrich eine Geschäftsführerposition zuzuschanzen und Georg aus der Firma zu drängen. Georg sucht Rettung in der Welt der Bücher – zunächst als Leser, dann als Autor – und erkennt die Kälte, die Sprachlosigkeit und den Größenwahn des Geschäftslebens. Sein ›Fall‹, ein Sturz ins Bodenlose, ist unausweichlich.

»Groß angelegt, groß gedacht und von großem Ernst.«
Neue Zürcher Zeitung

Fischer Taschenbuch Verlag

fi 19030 / 1

Ernst-Wilhelm Händler
Sturm
Roman
Band 19029

Suttung, ein in den USA lebender deutscher Computer-
spezialist, erhält einen verführerischen Auftrag: Er soll für
Hant, den »größten Architekten Deutschlands«, Roboter entwickeln, die die menschliche Arbeitskraft ersetzen und eine
bessere Welt schaffen sollen. Suttung nimmt das Angebot an
und ist zunächst begeistert von dem charismatischen Mono-
manen und Perfektionisten. Doch bald gerät er in seiner
alten Heimat in gespenstische Gesellschaft. Wer steht hinter
Hant und seinem größenwahnsinnigen Vorhaben? Kann sich
Suttung den ebenso faszinierenden wie unheimlichen Plänen
einer totalen Umgestaltung der Welt entziehen?

Ein virtuoser Roman über die Kunst und die Macht, den
Missbrauch der Sprache und das unaufhaltsame Vordringen
des Virtuellen. Eine deutsche Mentalitätsgeschichte.

»Der wirklichkeitshaltigste Roman der
deutschen Gegenwartsliteratur dieses Jahrzehnts«
Ijoma Mangold, Berliner Zeitung

Fischer Taschenbuch Verlag

Ernst-Wilhelm Händler
Wenn wir sterben
Roman
Band 19002

»Was ist der Mensch?
Ein Haufen Fleisch, in Geld eingewickelt?«

Die Geschäftsfrau Charlotte macht sich mit dem Kauf einer
mittelständischen Firma selbständig. Ihre Freundinnen, genannt Stine und Bär, helfen ihr dabei, doch letztlich sind
sie es, die Charlotte in den Ruin treiben: Durch eine Intrige
wird Stine Inhaberin der Firma, und kaum hat sie das Unternehmen an sich gerissen, träumt sie einen anderen Traum –
ein Joint venture mit einem mulitnationalen Konzern soll den
Zugang zum Weltmarkt öffnen. Als sie dabei auf die Top-
managerin Milla trifft, beginnt ein neues Spiel.

»Das macht die Größe des Buches aus:
Es ist ein Roman, der es mit der Wirklichkeit aufnimmt.«
Ijoma Mangold, Süddeutsche Zeitung

Fischer Taschenbuch Verlag